深圳先行示范丛书 科技创新卷

基因与潜能：创新驱动发展

王小广 主编 杨柳 著

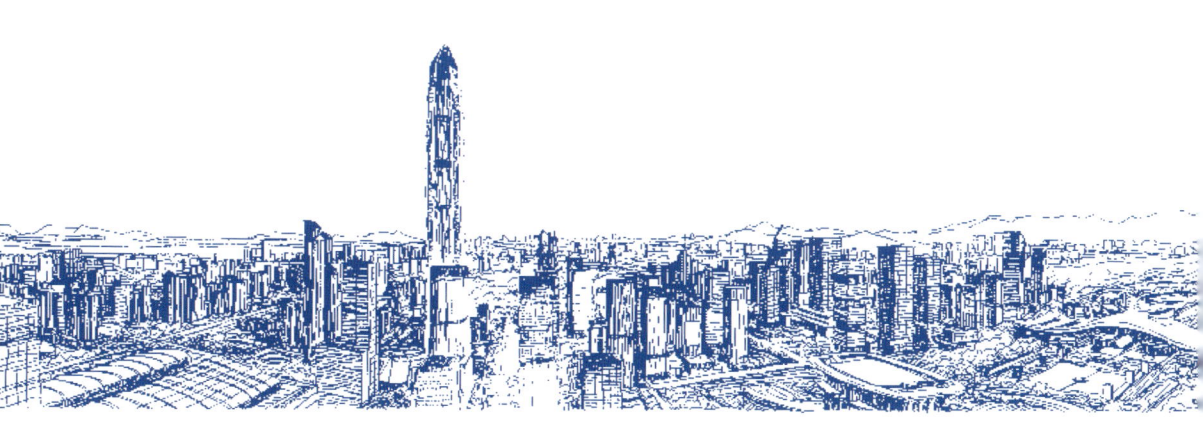

海天出版社
HAITIAN PUBLISHING HOUSE
·深圳·

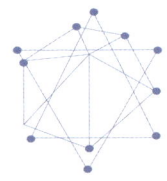

主 编 简 介 **王小广**

中共中央党校（国家行政学院）经济学部副主任、研究员、博士生导师。1995 年获得中国社会科学院研究生院博士学位。曾长期就职于国家发改委经济研究所，先后担任经济形势研究室主任和发展战略与规划研究室主任。2009 年调入国家行政学院，担任决策咨询部副主任。曾连续 9 年主持国家发改委宏观经济研究院重点课题"宏观经济形势跟踪、预测和对策"。在《人民日报》《经济日报》《经济学动态》《管理世界》等报刊发表论文 400 多篇。独立或主笔完成的著作 10 余部，如《中国经济高速增长是否结束？》《中国发展新阶段与模式转型》《新时代宏观调控创新》《治堵经济学》；还主持和参与 10 多项其他部委和地方政府委托的规划课题。2019 年受深圳市委委托，担任重大课题"深圳如何建设'两范'城市"的主持工作。

作 者 简 介 **杨 柳**

深圳本土作家，从事经济、科技、创业类题材创作十余年。创作的《创客志：中国创业经典案例研究》系列被列入"十三五"国家重点规划项目；《为创新而生》获得 2016 年度全国城市出版社优秀图书二等奖。还参与主编了《华为创新三十年：解密华为成功基因丛书》《深圳创业故事》《粤港澳大湾区战略性新兴产业研究》等多部科技创新类书籍，受到读者广泛好评。

联系方式：zkjhwh2016@163.com

总序

2020 年 8 月，深圳迎来经济特区建立 40 周年的华诞，海天出版社特别策划出版"深圳先行示范丛书"，作为一份特别的礼物以飨读者。

在中华人民共和国成立 70 周年之际，《中共中央 国务院关于支持深圳建设中国特色社会主义先行示范区的意见》正式发布，这标志着深圳站在一个新的起跑线上，肩负着新的历史使命。2020 年 10 月，中共中央办公厅和国务院办公厅发布《深圳建设中国特色社会主义先行示范区综合改革试点实施方案（2020—2025 年）》，赋予深圳在重点领域和关键环节改革上更多自主权，支持深圳在更高起点、更高层次、更高目标上推进改革开放，这是新时代推动深圳改革开放再出发的又一重大举措，也是创新改革方式方法的全新探索。深圳承载着我国攻坚克难的坚定决心，未来将全力书写新时代的"春天的故事"。

南海之滨，东方风来；鲲鹏击浪，志在万里。

40 年来，深圳就是凭借中央赋予的特殊政策"先行一步"，从边陲小镇一跃成为经济发达、科技进步的国际化都市；正是改革开放成就了深圳的奇迹，深圳的未来势必沿着改革开放道路坚定地前行，在新时代走在前列，在新征程勇当尖兵。

当前，我国经济发展呈现速度变化、结构优化、动力转换三大特点，要大力推进经济结构性战略调整，把创新放在更加突出的位置，继续深化改革开放，为经济持续健康发展提供强大动力。在这个历史关头，深圳承担起新的任务，不仅要先行，还要示范，把一些好的做法复制和推广到全国，不断增强我国经济创新力和竞争力。目前，深圳正在酝酿一批有含金量、示范性的重大改革创新政策，争取一批有引领性、突破性的先行先试政策，形成一批可复制、可推广的重大制度成果，向社会主义现代化标杆城市奋勇前进。

习近平总书记曾多次强调科技创新是提高社会生产力和综合国力的战略支撑。他在 2013 年欧美同学会成立一百周年的庆祝大会上说："创新是一个民族进步的灵魂，是一个国家兴旺发达的不竭动力，也是中华民族最深沉的民族禀赋。在激烈的国际竞争中，惟创新者进，惟创新者强，惟创新者胜。"

党的十九大报告旗帜鲜明地提出："创新是引领发展的第一动力，是建设现代化经济体系的战略支撑。"报告中 10 余次提到科技、50 余次提到创新，到 2035 年，我国跻身创新型国家前列的目标将激励全社会积极实施创新驱动发展战略，擦亮中国创造、中国智造的名片。

国家的核心战略是创新驱动发展，深圳建设先行示范区的动力也是创新发展。高质量发展离不开创新发展，深圳要成为高质量发展高地，根本出路在于实施创新驱动发展战略，通过创新实现产业结构调整，培育现代产业体系。比如，国家支持以深圳为主阵地建设综合性国家科学中心，以及建设 5G、人工智能、网络空间科学与技术、生命信息与生物医药实验室等重大创新载体；为发展战略性新兴产业，国家要求深圳在未来通信高端器件、高性能医疗器械等领域创建制造业创新中心。

显而易见，创新发展是先行示范区建设的底色，也是中国特色社会主义生机和活力的彰显。"深圳先行示范丛书·科技创新卷"就是聚焦深圳的创新发展事业，从创新驱动发展的基因到产业实践，再到创新体系建设，力图总结出一套有关科技创新的经验做法，能够给其他城市的发展提供一定的启迪和借鉴。

"所当乘者势也，不可失者时也。"新时代为深圳创造了许多重大历史机遇，深圳人要牢牢把握党中央的战略意图，坚持以习近平新时代中国特色社会主义思想为指导，弘扬敢闯敢试、敢为人先的改革精神，保持日夜兼程、奋力拼搏的精神面貌，建设中国特色社会主义先行示范区，辐射带动全省乃至全国的经济高质量发展，为实现中华民族伟大复兴的中国梦提供有力的支撑。

王小广

2020 年 11 月

深圳先行示范丛书

SHENZHEN

XIANXING

SHIFAN

CONGSHU

科技创新孕育新型示范城市

近些年，走在治学与求实路上亲历中国社会经济的重大变革，心里不断生发出"和平年代培养专家，变革年代需要思想"的感慨。21世纪第二个10年之后，各发达国家靠前沿技术搭建起世界高新技术产业，数字技术支持下的智慧经济排浪而来已是不争的事实。所以有学者追问，深圳经济特区建立40年来究竟以什么样的弄潮手段，成为新时代的创新排头兵呢？作为一座屹立于世的国际型大都市，如果要在世界性范围内突显深圳的作用，一般可以从哪些逻辑关系陈述其生成的过程和发挥的重要性呢？

打造一批兼具科学元理念和底层基础技术支撑的新型科研机构，无异于建设中国特色社会主义先行示范区的源头活水。20多年来，深圳组织各方力量在基础研究、源头创新上发挥政府效能，组织建设了一批以科学发现、技术发明、产业发展为主要特征的科研机构，不但集聚了众多的创新人才，还将科技成果转化成带动区域经济发展的重要力量，强化了深圳的创新能力和综合实力。在深圳市政府各项政策的扶持下，以中国科学院深圳先进技术研究院、鹏城实验室、深圳量子科学与工程研究院、深圳市大数据研究院、深港脑科学创新研究院为代表的新型研发机构不断开拓创新，吸纳一流的学者，组建卓越的科研团队，推动产研结合，促进深圳的科技创新水平和规模迈上新高度。

所有人都不会忘记20世纪八九十年代的深圳经济发展模式，大车间、流水线、模块化生产方式在短短20多年的时间里潮起潮落。但令人欣喜的是，制造经济的生产终端派生出了物流采购、供应链管理和整合信息技术三个相对独立的业态环节。特别是近10年，随着移动智能终端叠加在微机终端之上，新的终端不仅催生了人类的脑力劳动，而且以数字替代技术为始发点，衍生出完全不同的数字创造技术。数字经济雏形就完美地隐藏在"生产—交易—消费—分配"的产业链里。深圳作为广东省创建国家创新型城市的代表，坚持把自主创新作为城市发展的主导战略，成功切换产业发展模式，使创新型经济特征更加明显。深圳以企业为主体在全社会持续投入研发资金，使专利数量和质量遥遥领先全国其他城市，梯次型创新企业群的自主创新成果领跑全国科技前沿，并使高新技术产业成为创造区域经济的第一大支柱产业。在创新驱动成为深圳城市发展引擎的时候，深圳把它视为打造国际科技创新中心的一把钥匙，知识产权战略、标准化战略和质量强市战略就是深圳市政府确立的服务于创新驱动的三大助力。未来，还将打造全国乃至世界性的创新型金融中心。

同时，依托数字技术支持下的联网共享经济与粤港澳大湾区经济产业链相结合，让深圳迎来成为世界级科创中心城市的最佳历史机遇。分析深圳的功能分化趋势，它的空间布局有力证明了这一点：（1）珠三角地区周边产业链的总部经济延伸端向深圳方向聚集；（2）第三方市场和大宗商品市场向核心都会区集聚；（3）权益类要素市场的业态形式将与周边卫星城和产业集聚核心区结合；（4）互联网＋市场中介平台成为连接周边产业的桥梁和纽带。作为一座致力于数字基础设施和科技金融创新的城市，深圳通过深化数字技术支持下的新型国民经济体系，破解核心企业区块链、核心市场区块链、核心金融机构区块链与数字技术支持下的新货币市场对接点，引发深圳地区经济体系产业成长、区域规划以及科技金融场景运用等综合效应。在此基础上，创设高端人才集聚效应，打造数字经济与科技金融、产业升级与核心机构场景创设的试验点，推动深圳成为全国数字经济、科技金融的实验区、示范区，吸引更多新经济、新金融、新业态落户深圳。

回顾以科技创新闻名的世界级城市，伦敦、巴黎、纽约和东京都有一段因科技产业爆发而造就的光荣历史。过去的10多年时间里，他们在材料、系统集成、新型能源等方面取得长足进步，出现了引领智能机器制造和数字经济的新一轮发展趋势。"它山之石，可以攻玉。"为建设中国特色社会主义先行示范区，深圳出台了一系列带动创业创新机制，为创业者提供公平、公正的制度环境，成为粤港澳大湾区经济增长的火车头。但是，深圳、广州、香港、澳门以及大湾区其他城市的竞争与共生，有点类似于纽约都市圈和旧金山大湾区，它们追求效率、重视人才、信息共享、不断突破、宽容失败的良性竞争，带动城市在创新高地取得长足进步。这些都印证了共同繁荣的动力学机制离不开坚持产业化的导向，为转变经济发展方式和调整产业结构提供有力的技术支撑。值得称赞的是，深圳形成以企业为主的创新机制，不但政府做好产业规划，为企业创新提供制度保障，还强化政府部门的服务意识，在全社会培育创新环境。比如，南山区政府设立了专项研发资金，每年举办"创业之星"大赛，为创业者搭建对接实现创新成果的平台，还为创新发展积聚了一批后备人才。

理解时代创新的要义，有效借鉴世界发达经济体内创新型城市的经验，希冀深圳城市的设计者为中国的复兴和崛起贡献城市的力量。期盼深圳在先行示范区的大船上，助推出一组组科技创新的排浪，让深圳在优势和特色产业方面发挥全方位的示范和引领作用，在一些更关键的领域表现出独特的区位优势和产业格局。

曹和平

2020 年 12 月于燕园北西山脚下

（作者系北京大学教授）

创新，为人类带来的是福祉，为国家带来的是繁荣。在浩瀚的历史长河中，创新改变着世界的容颜，也是国家之间较量的利器。

科学的诞生带来了一种前所未有的崭新力量。它是一种思维方式，是一种应用方法，是一种观念，是一种象征，是一种可以不断积累、可以自我纠错的知识工具。科学引发的创新广泛而深刻地改变着人类生活的方方面面，树立起人类进程的一座座里程碑。当科学登上历史的舞台，人的创造力开始成为推动经济繁荣和国家强盛的核心要素，追求创新以及创新的精神，如同找到了生命的基石，使人类社会得以成长、强壮。

有这样一座城市，她因创新而闻名于世，因科技而熠熠生辉；她年轻而富有活力，开放而无限包容，吸引全国乃至全球的创新精英把最美的青春年华在这里恣意绽放。

她，就是深圳。

深圳，是包容的。

高交会、深创赛、双创周，以政府为主导，一个个展现创新创业的舞台圆了多少人的创业梦。不管你来自何方，不管你曾经辉煌还是落魄，不管你是海外留学人员，从高校、科研机构、大企业走出来的高管与技术人员，还是毫无根基的大学生、务工人员，都体会到"政府搭台、企业唱戏"的浓厚氛围，一拨拨创业者为深圳的发展注入鲜活的动力。

深圳，是创新的。

2008 年 9 月，深圳发布了我国第一部国家创新型城市规划。今天，深圳在创新载体建设、新兴产业聚集、创新文化营造方面取得傲人的成绩。在高新技术产业，华为、腾讯、比亚迪等知名企业驰骋海内外市场，在战略性新兴产业领域，涌现了大疆、普门科技、云天励飞等行业新星。

深圳，是开拓的。

深圳鼓励和扶持中国科学院深圳先进技术研究院、深圳量子科学与工程研究院、鹏城实验室、深圳市大数据研究院等一批新型科研机构在深圳落地，为深圳基础研究和源头创新引来新鲜血液。在打造"双创"升级版的过程中，深圳市科技主管部门对关键核心技术和产业共性技术攻关侧重引导，敢于啃硬骨头，敢于涉险滩、闯难关，激发各类主体创新的激情和活力。

包容、创新、开拓，造就了深圳城市发展的新内涵。深圳市政府甘当配角，为创业者提供公平、公正的制度环境和政策服务；创业者真正成为深圳创新大潮中的主角，可以集中精力搞技术研发、企业管理、市场开拓。翻开深圳的创业史，一个个名字熠熠生辉，举足轻重：任正非与华为，马化腾与腾讯，王传福与比亚迪，高云峰与大族激光，刘先成与普门科技，陈志列与研祥……

为什么来自五湖四海的人能在这里燃起创业的激情？为什么高新技术产业能成为深圳的支柱产业？为什么党中央选择深圳建设中国特色社会主义先行示范区？"深圳先行示范丛书·科技创新卷"将从城市战略、科研机构、新兴产业、科技金融四个方面，解说深圳建设中国特色社会主义先行示范区的第一推动力就是科技。

本丛书分为四册：《基因与潜能：创新驱动发展》，介绍深圳坚持创新驱动发展战略，实施知识产权战略、标准化战略和质量强市战略，搭建并完善创新支撑体系；《源头与活水：新型科研机构》，对中国科学院深圳先进技术研究院、深圳量子科学与工程研究院等新型科研机构进行详细介绍；《承载与远见：机制催生创新》，介绍深圳如何进行产业创新机制的探索，对生命健康产业、人工智能产业、机器人产业等战略性新兴产业做重点介绍，讲述包括国内医疗器械行业第一家获得国家科学技术进步奖一等奖的企业——普门科技、爱国实业家唐翔千先生投资创办的清溢光电、专业的智能制造和智慧物流系统提供商今天国际等知名企业的创业故事；《催化与裂变：科技联姻金融》，介绍深圳通过研发资金改革推动科技金融创新，通过科技金融服务平台建设推动科技产业的发展，介绍深创投、高新投、天使母基金、达晨、基石资本、创东方、担保集团、工商银行科创中心、平安产险等知名创投企业和金融机构是如何帮助创业者走向成功的。

这是《中共中央 国务院关于支持深圳建设中国特色社会主义先行示范区的意见》出台后第一部系统梳理深圳科技创新经验的丛书，将对我国的科技创新事业起到巨大的推动作用。正如习近平总书记所说："从全球范围看，科学技术越来越成为推动经济社会发展的主要力量，创新驱动是大势所趋。新一轮科技革命和产业变革正在孕育兴起。""国际金融危机发生以来，世界主要国家抓紧制定新的科技发展战略，抢占科技和产业制高点。"在日趋激烈的全球综合国力竞争中，我们没有别的选择，非走自主创新道路不可，中国需要在新一轮的科技竞争中一马当先。

如今，在建设粤港澳大湾区和建设中国特色社会主义先行示范区"双区驱动"的时代背景下，深圳将承担更为重大的历史使命。如果说最初改革开放先行先试是深圳的使命，今天先行先试已经成为这座城市的自觉追求，沉淀为深圳的城市基因，科技创新更已融入深圳的文化血脉中。希望"深圳先行示范丛书"像一道光，照亮祖国大地上的每一座城市，希望更多的城市会迸发出科技之光，为中华民族屹立于世界之林贡献巨大力量。

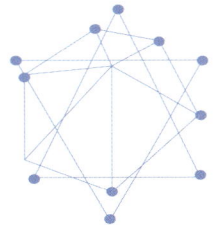

　　我们将大力实施创新驱动发展战略，把发展着力点更多放在创新上，发挥创新激励经济增长的乘数效应，破除体制机制障碍，让市场真正成为配置创新资源的决定性力量，让企业真正成为技术创新主体。

　　——习近平出席亚太经合组织工商领导人峰会，发表题为《发挥亚太引领作用，应对世界经济挑战》的演讲（2015 年 11 月 18 日）

contents 目录

第
一
章

创新驱动成为
城市发展引擎

深圳先行示范丛书

SHENZHEN

XIANXING

SHIFAN

CONGSHU

40 年前，深圳是一个封闭落后的边陲小镇，工业家底几乎是一穷二白。在短短 40 年里，深圳的生产总值从 1979 年的 1.96 亿元，跃升到 2019 年的 2.69 万亿元，年均增长超过 20%，2019 年深圳人均生产总值突破 20 万元。深圳成为我国改革开放伟大成就的缩影，也造就世界经济发展史上的奇迹。

按照新发展理念的要求，深圳在践行五大发展理念方面居于全国领先地位，是我国最接近现代化强国目标的城市。今天的深圳，已步入创新驱动的轨道，实现经济增长由要素驱动向创新驱动转变，成为国内"创新驱动发展"最典型的城市。深圳创新发展能力不仅成为中国高科技产业发展的一面旗帜，而且在全球彰显其巨大的影响力。

1. 六大特征标志深圳迈入创新驱动阶段

2019 年 11 月，《中国区域创新能力评价报告 2019》（以下简称《报告》）正式发布，这份由中国科技发展战略研究小组撰写的年度研究报告为地方政府了解本地区创新能力提供了参考。

《报告》指出，广东、江苏等沿海省份及北京、上海等特大型城市是创新能力领先地区；重庆、陕西等地区追赶势头迅猛，创新步伐不断加快；东北三省转型发展压力依然较大。创新水平的差距影响区域协同创新效果。为此，各地区要进一步加大研发投入，提高创新能力，形成更多的创新集聚区。根据《报告》内容，2019年广东区域创新能力排名第一，连续3年居全国首位。

广东省已经从要素驱动向创新驱动转变，抓住了实现质量型增长的中心环节。深圳作为广东建设国家创新型城市的代表，坚持把自主创新作为城市发展的主导战略，成功切换发展模式，创新型经济特征更加凸显。以下六大特征标志着深圳已经迈入了创新驱动增长阶段：

（1）全社会研发投入持续增长

一个地区的创新水平与全社会研发投入之间存在着密切的关系，创新能力越强的地区，研发投入越大。

近20年来，深圳持续加大研发投入，全社会研发投入占生产总值比重稳步增加。2018年，深圳全社会研发投入首次超过1000亿元，占生产总值比重达4.2%，与世界研发投入最高水平的以色列相当，而2008年深圳研发投入占比仅为3.3%。2019年，深圳全社会研发投入继续超过1000亿元，占生产总值比重保持全国领先。

值得一提的是，深圳研发投入的特征是以企业为主体，研发投入90%以上来源于企业，大中型工业企业研发经费总量位居全国首位，涌现出了一大批知名的高科技企业。

（2）专利数量和质量遥遥领先

专利数量和质量是体现创新能力的重要指标，发明专利的申请和授权量更是反映一个国家或地区的科技创新能力的"晴雨表"。近年来，深圳市高度重视知识产权的创新和保护工作，专利数量和质量均遥遥领先。

《深圳市 2019 年知识产权发展状况白皮书》显示，深圳市专利申请量、授权量、授权量增速、有效发明专利 5 年以上维持率、PCT（专利合作条约）国际专利申请量 5 项核心指标均居全国大中城市第一。其中，国内专利申请 261502 件，同比增长 14.39%；国内专利授权 166609 件，同比增长 18.83%；累计有效发明专利量达 138534 件，同比增长 16.54%，有效发明专利五年以上维持率为 85.22%。

通过 PCT 提交国际专利申请是企业进行海外专利布局的重要途径。数据显示，2019 年深圳 PCT 国际专利申请量达 17459 件，约占全国申请总量的 30.74%（不含国外企业和个人在中国的申请），约占广东省总量的 70.61%，连续 16 年居全国大中城市首位。

（3）高新技术产业成为第一大支柱产业

改革开放以来，深圳经济结构发生深刻变化，转型与创新贯穿始终，工业快速发展，服务业稳步提升，高新技术产业成为深圳的第一经济增长点、第一大支柱产业。

2000 年，深圳高新技术产品产值首次突破千亿元，自主知识产权的高新技术产品占全部高新技术产品的比重首次突破 50%。之后，每年平均以"千亿元级"的速度增长，2019 年，全市高新技术产业实现产值 26277.98 亿元，同比增长 10.08%；实现增加值 9230.85 亿元，同比增长 11.26%。

其中，电子信息产业增加值为 23723.11 亿元，增长 10.62%；先进制造业增加值为 1080.49 亿元，增长 7.25%。

深圳是我国创新驱动发展的示范区，也是战略性新兴产业的集聚区。自 2009 年以来，深圳率先出台了实施七大战略新兴产业规划及配套政策，并加快培育未来产业，打造新的经济增长点。深圳是全国首批 5G 试点城市之一，深圳 5G 通信产业发展水平已经走在全球最前列。生命信息、生物医药、新能源新材料等产业迅猛发展，5G 技术以及人工智能技术与各行各业深度结合，深圳正抓住新一轮科技革命和产业融合的发展机遇，由技术、标准领先到产业生态链领跑，构筑全球产业竞争新优势。

（4）梯次型创新企业群基本成型

深圳目前已形成以企业自主创新为主体的产业集群，本土创新企业集群的形成是深圳城市创新最重要的特色。"头部企业"全面领跑，新锐企业多点开花，中小企业如雨后春笋。深圳从零起步培育了腾讯、大疆、平安等知名企业，是 7 家世界 500 强企业的总部所在地，世界 500 强企业数量位居全球第 6 位、中国第 3 位，其中民营企业入榜数量高居全国第一。

大疆创新、迈瑞医疗、奥比中光、普门科技等创新型企业活力十足，高成长性的明星企业也正成为各自领域的"小巨人"。创新企业队伍不断壮大，2019 年，国家高新技术企业新增量超过 2500 家，总量达 1.7 万家，居全国第二。

（5）自主创新成果强势领跑

经过多年的积累和发展，深圳已建立产学研深度融合的技术创新体系，5G、超材料、基因测序、3D 显示、石墨烯太赫兹芯片、柔性显示、新能源汽车、无人机等领域的创新能力处于世界前沿。

自 2010 年以来，深圳连年斩获国家技术发明奖一等奖、科技进步奖特等奖等奖项，总数达到 135 项，创新成果已成为深圳发展的重要原动力。华为成为全球 5G 技术的领导者，拥有麒麟、巴龙、昇腾和鲲鹏四大芯片系列，发布全球首款搭载鸿蒙操作系统的终端设备；腾讯，全球最大互联网公司之一，也是全球服务用户最多的互联网企业之一；比亚迪成为新能源汽车引领者，在欧洲纯电动大巴市场占有率超 20%，排名第一；大疆创新占领消费级无人机全球 70% 的市场份额；贝特瑞成为全球最大的锂离子电池负极材料供应商；优必选成长为集人工智能和人形机器人研发、制造和销售于一体的顶级高科技企业；柔宇发布全球首款消费级可折叠柔性屏柔派手机；云天励飞首创"云 + 端"动态人像智能解决方案，率先实现"亿万人脸，秒级定位"……

（6）人均生产总值超过"创新驱动阶段线值"

按照世界经济论坛历年年报的测算标准，经济发展可分为三个阶段，分别是要素驱动阶段、效率驱动阶段、创新驱动阶段。人均生产总值 1.7万美元是区域经济进入创新驱动阶段的门槛。美国、德国、日本和韩国分别在 1962 年、1973 年、1976 年和 1995 年进入了创新驱动阶段。

早在 2013 年，深圳人均生产总值就达到 2.2 万美元；2019 年，深圳人均生产总值则超过 2.9 万美元。从人均生产总值这项指标看，深圳已步入区域经济创新驱动轨道。

2. 把创新作为城市发展主战略

21世纪初，深圳转变经济发展方式面临着独特的矛盾，必须做出重大抉择。2005年5月，中共深圳市第四次代表大会在全国第一个明确提出建设自主创新型城市的目标。2014年6月，国务院批准深圳建设国家自主创新示范区，深圳成为我国首个以城市为基本单元的国家自主创新示范区。

（1）深圳转变经济发展方式面临独特的矛盾

到2010年，深圳从一个边陲小镇发展成为人口超千万的现代化城市，创造了世界城市发展史上的奇迹。然而，这种高速成长在给深圳城市发展带来巨大成功的同时，也形成一系列突出的矛盾，从而埋下了成长的隐忧。

深圳市的主政者们曾多次在公开场合表示，深圳转变经济发展方式面临土地、空间、税收、人才引进、公共服务建设等多个领域的政策性和制度性障碍，要想办法切实尽快解决。

具体分析看，主要是三大矛盾：第一是城市承载力矛盾。城市综合承载力是指城市的资源禀赋、生态环境、基础设施和公共服务对城市人口及经济社会活动的承载能力。21世纪初，深圳的城市综合承载力已经大大突破原有资源环境的承载力。深圳土地面积只有1900多平方千米，但是建市30多年，实际常住人口从几十万增长到2012年底的1300多万，迅速步入全球特大城市的行列。2010年，美国《福布斯》杂志公布全球人口最稠密城市排行榜，深圳以17150人／平方千米的人口密度，位列全球第五位。毫不夸张地说深圳已经成为全国"最拥挤"的城市。

　　第二是城市产业结构矛盾。据统计公报，深圳 2012 年生产总值为12950.08 亿元，比上年增长 10.0%。其中，第一产业增加值为 5.56 亿元，下降 18.2%；第二产业增加值 5737.64 亿元，增长 7.3%；第三产业增加值 7206.88 亿元，增长 12.3%。第一产业增加值占全市生产总值的比重不到 0.1%，第二产业增加值占全市生产总值的比重为 44.3%，第三产业增加值占全市生产总值的比重为 55.7%。[①] 深圳经济特区的经济模式从"三来一补"加工工业起步已初步形成现代产业体系。因此，政府主管部门意识到，深圳的第一产业比重明显偏低，应当把发展现代都市型产业作为自身的产业定位。按照这一要求，要大幅度提高现代服务业在第三产业中的比重，加强战略性新兴产业在第二产业中的比重。

　　第三，城市管理的矛盾。由于深圳经济特区在 2010 年才扩容到全市范围，特区总面积从原来的 327.5 平方千米，扩容为 1900 多平方千米，面积增加了约 5 倍，大大拓展了城市发展空间，有利于深圳建设国际化大城市，但必须补齐原特区内外公共服务的巨大落差。特区内外一体化建设的重要任务就是加快弥补公共服务的"欠账"，主要包括教育、医疗、文化、体育等几项指标，实现原特区内外公共服务均等化。

（2）深圳建设创新型城市的多种优势

　　除了要看到深圳转变经济发展方式面临的独特矛盾，还应该看到深圳建设创新型城市具有的多种优势，这些因素共同促成深圳选择创新驱动方向作为城市发展的主战略。

　　第一是区位优势。1980 年 8 月 26 日，深圳经济特区正式建立，从此深圳成为中国改革开放政策和现代化建设先行先试地区，迅速融入全球化

---

① 朱建平：《新形势下的深圳城市发展策略》，《特区实践与理论》，2014 年第 3 期，第 51 页。

的经济浪潮中。一方面，以广州、深圳为核心的大珠江三角洲区域城市之间的互动，为深圳获取周边区域资源、共享发展信息提供了极大便利；另一方面，深圳借助毗邻香港的优势，不断借鉴香港较为成熟的市场运作经验和法律体系，为建设创新型城市提供保障。

第二是政策优势。深圳市政府一直非常重视城市创新规则，建设了高新技术园区、高新技术产业带、软件园、虚拟大学园、各类创新载体等基础设施，出台了一系列鼓励创新的配套政策，制定了《深圳市人事局加快高科技产业人才建设和引进的若干规定》《关于进一步扶持高科技产业发展的若干规定》等多项政策，吸引一大批海内外的科技创新人才汇聚深圳。多年来出台的促进科技产业发展的政策法规，构成了深圳独特的政策优势。

第三是环境优势。深圳虽然缺乏大院大所的创新资源，但作为我国改革开放的"试验田"，从发展"三来一补"和"三资"企业起步，逐渐发展自主创新事业。为应对深圳在资源和空间等方面受到的限制，深圳市政府积极寻求自主创新的发展方向，重点发展高新技术产业，走上了自主创新之路。1995 年，深圳把高新技术产业作为第一支柱产业，通过举办高交会、深创赛、创业之星等各种创新创业活动，促进全市科技产业持续高速发展。经过 20 多年对科技产业的聚焦发展，深圳市形成了全社会崇尚创新思维、支持创新活动、保护创新成果的良好创新环境，吸引了全国甚至全球的创新资源。

（3）把自主创新写在深圳发展的旗帜上

20 世纪 90 年代初，在全国其他地方大力"招商引资"的时候，深圳却果断地把发展高新技术企业作为产业结构调整的支柱。正是这次战略调整，使深圳步入了自主创新的轨道。2004年1月，深圳市政府出台"一号文件"，提出了推进区域创新体系的战略任务，全面提升深圳自主创新能力，优化高新技术产业发展的软硬环境。

2006年1月6日，深圳市公布了《关于实施自主创新战略建设国家创新型城市的决定》，明确提出要全力建设创新型人才、企业、产业、自主知识产权"四大高地"。深圳推进的自主创新战略将以推动科技创新为主线，全面带动思想观念创新、发展模式创新、体制制度创新，使创新的意识、创新的精神、创新的力量贯穿到现代化建设的各个方面，使创新成为经济社会持续协调发展的主导力量。这样的提法，赋予"自主创新战略"新的内涵，使自主创新战略从传统含义上的产业发展战略提升为城市发展的主导战略。

2008年，深圳成为全国首个国家创新型城市。2008年9月23日，深圳市政府联合国务院多个部门编制《深圳国家创新型城市总体规划（2008-2015年）》（以下简称《规划》），成为我国第一部国家创新型城市规划指引文件。深圳市政府还制定了《关于加强自主创新促进高新技术产业发展的若干政策措施》，作为该《规划》具体落实的配套文件。

多年来，深圳在自主创新事业上的持续努力得到国家的认可和支持。这意味着深圳在国家自主创新战略中承担更重要的使命，也为深圳的产业结构升级，深圳质量和深圳标准的打造注入强大动力。

3. 建设中国特色社会主义先行示范区

2019 年，深圳迎来了"双区驱动"的全新发展机遇。深圳把创新作为城市发展主战略，取得了显著成效，极大地提升了深圳的创新发展能力，也被国家赋予了新的历史使命。深圳建设中国特色社会主义先行示范区，不仅要在经济发展领域起先行示范作用，而且要体现"五位一体"的全面发展要求，在践行五大发展理念方面做出表率。

（1）把创新作为城市发展的重要推动力

党的十八大后，习近平总书记对深圳发展做出重要批示，要求深圳市牢记使命、勇于担当，开动脑筋、解放思想，大胆探索、勇于创新，在"四个全面"中创造新业绩，努力使经济特区建设不断增创新优势、迈上新台阶。为贯彻落实习近平总书记的批示精神，深圳市在第六次党代会上，确立了"解放思想、真抓实干、勇当'四个全面'排头兵，努力建成现代化国际化创新型城市"的目标，以更高站位、更大力度实施创新驱动发展战略，以创新引领经济社会的全面发展，成为经济社会发展的主动力。

强化科技创新的引领作用。科技创新是提高社会生产力和综合国力的战略支撑。近年来，深圳市着力完善创新政策体系，加快推进重大科技基础设施布局，培育新型研发机构，前瞻布局战略性新兴产业，培育未来产业，推动大众创新蓬勃发展，构建综合创新生态体系，取得了重大突破。2015 年，全市研发投入占生产总值比重达 4.05%，相当于世界排名第二的韩国；PCT 国际专利申请量占全国 46.9%，4G 及 5G 通信、超材料、新能源汽车、基因测序等核心技术实现了由"跟跑"向"并跑""领跑"

转变；拥有国家、省、市级重点实验室等创新载体 1283 家，其中近 5 年新增创新载体 864 家，相当于之前 30 年总量的 2 倍多；拥有国家级高新技术企业 5524 家，中小型创新企业 3 万余家。

强化企业的创新主体地位。企业是科技和经济紧密结合的重要力量，应该成为技术创新决策、研发投入、科研组织、成果转化的主体。在市场经济条件下，企业了解市场需求，可以形成从科技成果到应用的无缝对接，促进科技成果转化。只有一个个市场主体不断地通过技术创新实现转型，整个产业结构才能实现优化升级。深圳积极构建以企业为主体、以市场需求为导向的技术创新体系，面向市场进行科研开发、技术交易和成果转化，较好地克服了科研机构游离于产业之外、企业技术创新能力薄弱、科技成果转化率低的弊端。在深圳，90% 以上的研发机构设立在企业，90% 以上的研发人员集中在企业，研发经费的 90% 以上来自企业，90% 以上的职务发明专利出自企业，以企业为主体的研发体系成为推动高新技术成果产业化的重要动力。

强化政府的引导服务职能。由于特殊的历史机遇，"小政府、大市场"格局下的深圳市政府机构和部门并不是无所作为，而是积极抓规划、抓政策、抓服务，引导市场资源综合配置。

为推进科技创新，深圳相继推出政府大部门制改革、商事登记制度改革等一系列措施，营造了良好的政策环境、市场环境和法治环境，极大地激发了全社会的创新活力。2016 年初，为落实中央推进供给侧结构性改革的部署要求，又瞄准"科技、企业、人才"三个关键要素，出台了促进科技创新、支持企业提升竞争力、促进人才优先发展的三个文件，在一定程度上突破了原有"条条框框"，为科技创新进一步"减负"和"松绑"。

（2）制度创新推动深圳创新事业发展

2017 年 12 月，经最高人民法院批准，深圳市中级人民法院设立深圳知识产权法庭。深圳知识产权法庭的设立是深圳制度创新的一个具体体现，它不仅在服务科技创新方面充分发挥司法的重要作用，体现深圳战略定位，服务深圳经济社会发展，而且在司法职权配置、管理体制、权力运行机制、人事管理制度等方面进行探索，也为全国的知识产权司法体制改革积累宝贵的经验。

制度创新可以高效推动创新事业的高速发展。深圳前海蛇口自贸片区在制度创新方面取得了有目共睹的成绩。中山大学自贸区综合研究院 2018年 6 月发布了《中国自由贸易试验区发展蓝皮书（2017—2018）》和"2017—2018 年度中国自由贸易试验区制度创新指数"，深圳前海蛇口自贸片区以 84.98 分，在 23 个自贸片区制度创新总体排名中位居榜首，在"政府职能转变、法制环境"等分类指标上排名第一。

深圳市政府发布"关于促进深圳港加快发展的若干意见"的公告，提出发挥前海蛇口自贸片区制度创新优势，优化监管模式，打破行政壁垒，加快建设深港组合港，构建粤港澳大湾区组合港体系，力争将深圳港打造成为"一带一路"建设的重要支撑区。据了解，从自贸区挂牌至 2018 年 3月底，前海累计推出制度创新成果 358 项，其中全国首创或领先的有 133项，不少经验被复制到全省和全国。[1]

2018 年 2 月，国务院同意深圳市以创新引领超大型城市可持续发展为主题，建设国家可持续发展议程创新示范区。科技部副部长徐南平在国务院新闻办举行的国家可持续发展议程创新示范区建设情况发布会上介绍道："深圳是改革开放的一面旗帜，在科技与经济结合方面，深圳走在全

---

[1]　陈远鹏：《深圳：打造全球创新之都》，《小康》，2018 年第 20 期，第 25 页。

国的最前列。现在中央提出'五位一体'的发展，在新的时代，深圳也应在科技向'五位一体'全面融入上走在最前面。"

深圳市市长陈如桂说："建设国家可持续发展议程创新示范区，是新时代深圳经济特区的重大使命。希望通过创新引领，推动科技产业创新、管理服务体制机制创新，加快建设可持续发展议程创新示范区。"他表示，深圳将加快打造国际科技产业创新中心，积极构建实体经济、科技创新、现代金融、人力资源协同的现代产业体系，特别是加快培育人工智能、健康科技、新材料、新能源、高端装备、海洋经济等战略性新兴产业，抓好高精尖科技攻关。到 2030 年，全社会研发投入占生产总值的比重达到 4.8%，科技进步贡献率达到 65% 以上。

深圳已编制出建设可持续发展议程创新示范区的相关规划和工作方案，示范区建设的目标定位是要把深圳打造成社会主义现代化先行区、创新驱动引领区、绿色发展样板区、普惠发展示范区。2020 年，基本建成现代化国际化创新型城市；到 2030 年，建成可持续发展的全球创新之都；到本世纪中叶，建设成竞争力、影响力卓著的创新引领型全球城市。

为了实现上述目标，深圳将突出发挥创新先发优势，通过创新引领高质量发展，努力在全球新一轮科技产业变革中发挥主力军作用。积极创新绿色发展和社会治理的体制机制，破解超大城市发展难题，更好地统筹经济发展、社会治理和生态建设。

（3）"双区驱动"新时代到来

深圳的发展高度浓缩了一个时代的精彩，经过 40 年砥砺奋进，深圳从一个默默无闻的边陲小镇发展成现代化国际大都市。深圳的发展成就无疑是中国改革开放的一个代表作，是一个中国奇迹，也是一个世界奇迹。

改革开放只有进行时，没有完成时。中国特色社会主义迈入新时代，深圳再次被赋予新的历史使命。2019年，深圳迎来了"双区驱动"的全新发展机遇。

2019年2月，中共中央、国务院印发《粤港澳大湾区发展规划纲要》，要求深圳发挥经济特区、全国性经济中心城市和国家创新型城市的引领作用，加快建成现代化国际化城市，努力成为具有世界影响力的创新创意之都。

同年8月，中共中央、国务院发布《关于支持深圳建设中国特色社会主义先行示范区的意见》（以下简称《意见》）。《意见》提出，到本世纪中叶，深圳以更加昂扬的姿态屹立于世界先进城市之林，成为竞争力、创新力、影响力卓著的全球标杆城市。对深圳而言，这是党中央赋予的新使命，是深圳率先建成国家创新型城市的新目标、新定位；对国家而言，通过在深圳建设中国特色社会主义先行示范区，发挥先行者的优势和示范引领作用，可以加快实现社会主义现代化强国的进程。

如果说，过去"先行先试"，让深圳成为经济领域的"单项冠军"，那么未来"先行示范"，则让深圳成为各领域的"全能冠军"。在文化、教育、法治等方面发挥全方位、全过程的示范作用，探索全面建设社会主义现代化强国的新路径，为完善和发展中国特色社会主义、推动国家治理体系和治理能力现代化积累经验。

如何完成这些新使命？《意见》给深圳明确了路线图和时间表。

——以"高质量发展高地、法治城市示范、城市文明典范、民生幸福标杆、可持续发展先锋"为五大战略定位，高质量发展成为全国典范，努力创造更多可复制可推广的全国经验。

——到2025年，建成现代化国际化创新型城市；到2035年，成为我国建设社会主义现代化强国的城市范例；到本世纪中叶，成为竞争力、创新力、影响力卓著的全球标杆城市。

中共深圳市委六届十一次全会指出，建设中国特色社会主义先行示范区，创建社会主义现代化强国的城市范例，就要贯彻落实习近平新时代中国特色社会主义思想的要求，从十条路径予以推进：在加强党的领导和党的建设上先行示范；在推动高质量发展上先行示范；在实施创新驱动发展战略上先行示范；在全面深化改革上先行示范；在全面扩大开放上先行示范；在践行以人民为中心的发展思想上先行示范；在民主法治建设上先行示范；在践行社会主义核心价值体系上先行示范；在生态文明建设上先行示范；在加强和创新社会治理上先行示范。

那么，深圳究竟要打造什么样的示范区？

深圳要朝建设中国特色社会主义、实现现代化强国目标全面发展，发挥全方位的示范引领作用，同时突出其优势和特色，在一些更关键的领域起示范引领作用，发挥独特的区位优势和产业优势，着力在以下方面打造先行示范区。

一是建设创新发展与创新文化先行示范区。继续加大基础科学和企业的研发投入，着力提高原始创新能力和集成创新能力，把深圳建设成为具有全球优势的创新创业创意中心，引领全国高科技、新产业发展，为提高国家整体创新能力做出更大贡献。同时，创新发展离不开创新文化的支撑，要努力将两者结合起来，即"硬实力"与"软实力"结合，深圳的包容性文化要不断发扬光大，吸引更广泛的人才和创新资源。

二是建设绿色发展先行示范区。始终坚持践行"绿水青山就是金山银山"的理念，构筑好自然空间、生产格局、生态体系，补齐生态短板，使深圳更加宜居、宜业、宜游，成为美丽的社会主义现代化强国城市范例。

三是建设共享发展先行示范区。永远把人民对美好生活的向往作为奋斗目标，构建优质均衡的公共服务体系、全覆盖高质量的社会保障体系、多渠道住房供给保障体系和面向未来的基础设施体系，实现社会共富和人的全面发展。

四是建设全面深化改革先行示范区。继续发挥好深圳经济特区"试验田""排头兵"作用，坚持"摸着石头过河"和顶层设计相结合，在政府机构改革、营商环境塑造、创新政策环境、住房供应体系、社会保障制度等领域，积极探索可复制可推广的改革办法。为进一步理顺中央事权与地方事权关系、更有效处理好政府和市场关系等事关重大的改革难点，提供可以借鉴的系统性改革思路。

五是建设全面扩大开放先行示范区。改革开放以来，深圳是对外开放的重要"窗口"；未来的深圳，将成为制度型开放的"新窗口"。深圳将积极对标国际化高标准投资贸易规则，发展更具国际竞争力的开放型经济，为构建全面开放型新体系提供高标准的制度体系。还要着力处理好与香港的关系，充分发挥两种制度、两种模式结合的优势，在深港深度融合发展上形成重大突破，在推动粤港澳大湾区要素流动和规则对接上率先实现突破。

六是建设大都市治理现代化先行示范区。积极探索"党委领导、政府负责、社会协同、公众参与、法治保障"的大都市社会治理新体制建设；同时，加大公用事业监管体系改革力度，为社会参与监督政府公共产品和公共服务供给质量，提供制度支持和保障。

深圳建设中国特色社会主义先行示范区具备许多有利、优越的条件，但也面临一些明显的短板，有些关键短板问题还相当突出。归纳起来，至少有四大短板必须尽快补齐补足。

一是着力补足高等教育和基础研究能力。一流的创新能力必须有一流的大学和基础研究做支撑。深圳高等教育发展不足、水平偏低，基础研究能力不足，与创新之城定位很不协调。深圳是我国唯一没有985、211大学，也没有"双一流"大学的一线城市。即便与二线城市相比，深圳在高等教育领域的短板也非常明显。大学教育和基础研究能力的提高需要一个长期过程，不可能像发展工业那样通过简单的"招商引资"办法来实现。深圳既要重视引进国内外名校和著名研究机构，更要营造宽松环境，长期培育。

二是着力将深圳打造成全国乃至世界的创新型金融中心。深圳过去在创新资本的获得上，一方面得益于美国、新加坡等资本市场的支撑，另一方面得益于早期对风险资金的重视和培育，但进一步发展，会面临越来越明显的金融服务能力不足的限制。深圳要在深化金融供给侧结构性改革方面走在前头，着力培育支撑创新发展的创新型金融服务体系，将深圳建设成国内外风险资本的投资高地。

三是猛补民生短板，加快推进社会现代化。建设中国特色社会主义先行示范区，创建社会主义现代化强国的城市范例，必须实现全面领先，目前深圳在社会现代化方面存在明显的短板。就社会治理来讲，深圳存在各种能力不协调、不配套、不适应等问题。

比如，目前基础教育供给不足，深圳小学学位缺口为50%，初中学位缺口达30%—40%。生活便利指标均偏低，特别在民生方面，与香港等国际化城市还有巨大差距。深圳还要着力补足医疗服务短板。

四是着力提高城市环境质量，全面提升城市品位和功能。深圳作为我国的新型超大城市，像国内其他大城市一样，面临城市规划不合理、"城市病"严重的约束，城市整体环境质量不高，吸引国际人才和高端要素的能力受限。

一方面，城市空间开发过度，产业和生态发展空间不足。深圳当前土地开发强度近50%，是全世界大城市中极少见的，比土地更为稀缺的香港高1倍，而单位土地产值只有香港的1/5。城市规划不合理，城市运行成本过高、空间利用率偏低。城市空间布局分散，必然降低生活的宜居性，即通勤压力大、时间成本高。如何实施城市更新，实现更加紧凑型的新发展，成为提高深圳城市治理现代化水平的紧迫任务。

如今，创新驱动成为深圳城市发展的引擎，成为中国高科技产业发展的一面旗帜。围绕建设粤港澳大湾区国际科技创新中心，进一步提升深圳在全球创新版图上的影响力，是深圳主政者当前重点思考的课题。如果将创新驱动作为深圳城市发展的核心战略，那么，大力实施知识产权战略、标准化战略和质量强市战略，则是服务于创新驱动的三大助力。

第
二
章

深圳大力实施
知识产权战略

深圳先行示范丛书

SHENZHEN

XIANXING

SHIFAN

CONGSHU

　　深圳作为我国的经济特区和改革开放试验田，经历了 20 世纪 80 年代至 90 年代初期的体制创新和政策创新，经历了 90 年代中后期的区域产业创新和技术创新，经济发展模式经历了"三大转变"：第一，工业发展从依靠"三来一补"向以高新技术产业为主导的转变；第二，高新技术产业发展从依赖外资向自主创新为主导的转变，涌现出一批具有较强自主创新能力的企业群体；第三，从资源消耗型向质量效益型转变，从"深圳制造"到"深圳创造"转变。这"三大转变"为深圳建设国家创新型城市打下了坚实的产业基础。

　　知识产权与产业技术关系密切。产业自主创新需要知识产权制度的激励和保护，需要将知识产权意识嵌入产业自主创新的整个过程，需要实现知识产权制度和产业技术的有机融合。知识产权是产业发展绕不过去的"华山一条路"。

　　作为一座国际化城市，深圳的产业发展承受着国内和国际双重知识产权的压力，一方面，欧美发达国家先后制定和实施知识产权战略，设置了一道道知识产权的"封锁线"，阻挠我国高新技术产品的出口；另一方面，深圳知识产权纠纷不仅仅是涉外的纠纷，还存在大量与国内企业有关的版权、专利、商标和著作权纠纷。保护知识产权的初衷源于深圳产业技术自主创新的内在驱动。

在此背景下，深圳在国内率先探索实施知识产权战略的必由之路。1996 年 1 月 1 日，深圳市出台并实施全国首部涉及技术保护的地方性法规——《深圳经济特区企业技术秘密保护条例》，填补了深圳此类法律空白；2005 年，深圳发布并实施国内第一个由地方党委通过的地方性知识产权发展规划——《深圳市知识产权战略纲要（2006—2010 年）》；2018 年，深圳制定了全国首部涵盖知识产权全类别、以保护为主题的地方性法规——《深圳经济特区知识产权保护条例》，2019 年 3 月 1 日起正式实施。

深圳大力实施知识产权战略，对知识产权的创造、运用、转化和保护都起到积极促进作用，推动深圳的科技创新事业走在全国前列。

1. 知识产权机构改革与法治建设走在全国前列

深圳的知识产权机构改革一直在"先行先试"，充分发挥知识产权议事协调机构的沟通联络作用，走在"全国前列"。2004 年，深圳市成立了知识产权局。2009 年，深圳在全国率先实行"大部制"改革，成立深圳市市场监督管理局，统筹管理专利、商标、版权、技术秘密、地理标志、集成电路布图设计等工作。2014 年，市政府组建深圳市市场和质量监督管理委员会，在该委员会内同时设立正局级的深圳市市场监督管理局（深圳市质量管理局、深圳市知识产权局）和深圳市食品药品监督管理局，组建直属的副局级行政执法机构深圳市市场稽查局。

2019 年 1 月，重新组建的深圳市市场监督管理局加挂深圳市知识产权局牌子，内设知识产权促进处和知识产权保护处两个处；直属的深圳市市场稽查局设立知识产权稽查处，建立中国（深圳）知识产权保护中心和位于深圳大学的国家知识产权培训（广东）基地。各区设立辖区局，各街道设置监管所，形成"市、区、所"三级联动的知识产权执法体系。2017年，深圳市政府提升知识产权联席会议规格，由市委常委、常务副市长刘庆生担任联席会议召集人，副市长黄敏担任副召集人，成员单位从31家增加至38家。

2017年，深圳知识产权法庭揭牌成立，深圳辖区专业技术类案件的管辖权保留在深圳市。深圳公安局经济犯罪侦查局成立专门的知识产权经侦支队。深圳市检察院成立知识产权保护法律研究中心，成立最高人民检察院前海知识产权检察研究院。深圳国际仲裁院成立知识产权仲裁中心。

值得关注的是，深圳的知识产权法治建设一直都在充分发挥经济特区立法权，敢于尝试和突破，为深圳各方面发展提供法律保障，走在"全国前列"。

1996年1月1日，深圳市出台并实施全国首部涉及技术保护的地方性法规——《深圳经济特区企业技术秘密保护条例》，填补了深圳此类法律的空白，为全国技术秘密保护提供了范例。该条例首创技术秘密保护行政处罚，为企业保护技术秘密提供便捷高效的行政保护模式。为更好地适应经济发展，条例于2009年8月进行了修正。

2008年7月1日，深圳市出台并实施《深圳经济特区加强知识产权保护工作若干规定》。这是深圳市首部综合性知识产权地方性法规，为深圳市开展知识产权工作提供了法律保障。

2012年，深圳市发布《深圳市知识产权与标准化战略纲要（2010—2015年）》，率先在全国实现知识产权与标准化战略协同推进，打造要素齐全、功能完备的知识产权和标准化公共服务平台，建设全国知识产权与标准化结合的示范城市。

2017年9月，在研究借鉴国内外先进经验的基础上，深圳市政府审议通过《深圳市关于新形势下进一步加强知识产权保护的工作方案》，又被称为深圳知识产权保护"36条"，内容覆盖法制建设、机制建设、行政保护、司法保护、企业维权援助、重点产业区域保护等方面，构建起知识产权全产业、全类别、全链条保护的政策体系，推动建设全国知识产权严格保护示范区。

为了进一步加强经济特区知识产权保护的立法效果，解决知识产权案件取证难、成本高、赔偿低等难题，深圳积极对标港澳地区及欧美发达国家，着力构建与深圳创新发展相匹配、与国际通行规则相接轨的知识产权保护体系。2018年12月27日，深圳市六届人大常委会第二十九次会议通过《深圳经济特区知识产权保护条例》（以下称《保护条例》），于2019年3月1日正式实施，这是全国首部涵盖知识产权全类别、以保护为主题的地方法规（条例内容详见本书附录2）。该《保护条例》在建立合规性承诺制度、设立行政执法技术调查官、发布行政临时禁令、构建信用惩戒机制等方面进行一系列创新，为实施最严格的知识产权保护提供法律制度保障。

该《保护条例》实施以来，受到社会各界的广泛关注，实实在在地促进了深圳知识产权保护能力和水平的整体提升，既使深圳知识产权工作机制、行政执法、公共服务、自律管理、信用监管等方面工作得到有效提升，又对创新主体间的知识产权侵权易发、多发现象有一定程度的遏制。深圳市市场监督管理局一面大力贯彻落实该《保护条例》，一面积极研究制定《关于先行发布知识产权行政禁令的规定（试行）》、执法技术调查官制度、知识产权保护工作考核机制等配套制度；另一面由探索尝试，先行发布临时禁令，及时阻止继续侵权，防止侵权损害扩大化；通过技术调查官出具专业技术判定意见，有效缩短案件审理期限，显著提升办案效率。建立产业知识产权自律管理机制，使知识产权保护政企协调，信息获取机制进一步完善。80 家各类行业协会成立知识产权保护工作站和深圳市知识产权保护工作站联盟，成为行政保护和司法保护的补充，有效对接企业需求，形成行政、司法、行业"三网立体保护"格局，深圳市知识产权大保护体系逐步构成。

深圳市市场监督管理局党组书记、局长李忠介绍，深圳市对知识产权法治建设不遗余力，2019 年初中央提出建设粤港澳大湾区，8 月出台《中共中央 国务院关于支持深圳建设中国特色社会主义先行示范区的意见》。

图 2-1　2019 年 4 月 23 日，深圳市知识产权保护工作站召开专业座谈会

在"双区驱动"的背景下，深圳市知识产权法治建设工作又有了新的进展。过去，因受立法权限限制，《深圳经济特区知识产权保护条例》未就损害赔偿额等问题做出规定，但《中共中央 国务院关于支持深圳建设中国特色社会主义先行示范区的意见》里，明确"允许深圳立足改革创新实践需要，根据授权对法律、行政法规、地方性法规作变通规定"。深圳将充分发挥特区立法权优势，推动修订《深圳经济特区企业技术秘密保护条例》，修订《深圳经济特区知识产权保护条例》，进一步健全企业商业秘密保护制度，探索实施知识产权惩罚性赔偿制度。

2019 年以来，深圳市市场监督管理局会同市人大常委会经济工作委员会、市司法局、市公安局等部门积极推动制定《〈深圳经济特区知识产权保护条例〉修正案》，探索建立知识产权惩罚性赔偿制度，提出司法保护领域等修改建议，完善知识产权保护机制。2020 年 6 月 30 日，深圳市六届人大常委会第四十二次会议审议通过《深圳市人民代表大会常务委员会关于修改〈深圳经济特区知识产权保护条例〉的决定》，特别增设"司法保护"专章，明确故意侵犯知识产权情节严重的依法适用惩罚性赔偿，对重复侵权等情形从重确定惩罚性赔偿数额。这是我国地方性立法首次就知识产权惩罚性赔偿制度做出规定，同时明确了完善技术调查官制度、强化境外维权服务等方面内容，加快完善与国际接轨的知识产权保护法律制度体系。同时，深圳市市场监督管理局会同市人大常委会经济工作委员会、市司法局等部门积极推动修订《深圳经济特区企业技术秘密保护条例》。目前，市人大常委会已将《深圳经济特区企业技术秘密保护条例》纳入2020 年度立法调研项目，将在全面了解企业、知识产权专业机构等各方立法需求的基础上，对技术秘密形式、技术秘密认定、保密措施、刑事执法领域等进行研究论证，进一步健全企业商业秘密保护制度。

与此同时，深圳知识产权法庭 2019 年首创由香港籍陪审员参与知识产权案件审理。在世界最大的烟草公司菲利普·莫里斯公司起诉深圳市舜宝科技有限公司侵害外观设计专利权纠纷案件中，法庭邀请香港籍陪审员组成合议庭，推动粤港澳大湾区知识产权案件裁判标准一体化。

2. 知识产权工作取得巨大突破

世界知识产权组织（WIPO）公布的数据显示，2019 年，中国超过美国成为国际专利申请量最多的国家，华为技术有限公司（以下简称"华为公司"或"华为"）以 4411 件 PCT 国际专利申请排名第一。华为公司2019 年年报显示，截至 2019 年底，华为公司在全球共持有有效授权专利85000 多件，90% 以上是发明专利，其中 40000 多件是欧美发达国家的有效授权专利。以华为公司为代表的深圳企业群表现出巨大的创造活力，深圳知识产权创造提质增效，成效显著。

首先，深圳的国际专利申请量不断攀升。世界知识产权组织发布 2019年专利、商标和工业品外观设计国际注册数据，7 家深圳企业闯入"国际专利申请 50 强"，华为公司连续 3 年位居企业申请人榜首。在"国际专利申请 50 强"企业榜单上，深圳占据 7 席，较上年增加两家，分别是平安科技（1691 件，居第 8 位）、中兴通讯（1085 件，居第 18 位）、大疆创新（874 件，居第 23 位）、华星光电（654 件，居第 31 位）、腾讯（485件，居第 43 位）和深圳传音控股（476 件，居第 45 位）。

据深圳市知识产权局知识产权促进处负责人介绍，2019 年深圳市PCT 国际专利申请量为 1.75 万件，占全国总量近三成，连续 16 年居全国

首位。智能制造业申请量增势明显。深圳申请量排名前 20 位企业中，有 4
家企业新晋上榜，分别是 TCL 华星光电（液晶显示器件）、欢太科技（互
联网技术开发）、光峰科技（激光显示）、雾芯科技（电子烟）。

深圳企业一直积极坚持以专利等知识产权"利器"布局国际市场。
2019 年，深圳的创新主体在美国、欧洲、日本、韩国的发明专利公开量分
别为 7308 件、7636 件、897 件、988 件，以较大优势位列全国各大城市
第一名。华为在上述四个国家（地区）中发明专利公开量均为深圳首位。

第二，深圳知识产权多项核心指标居全国首位。《深圳市 2019 年知识
产权发展状况白皮书》显示，深圳市专利申请量为 261502 万件，占全国
6.23%、全省三分之一，同比增长 14.39%，增速高出全国平均水平 13.22
个百分点，居全国首位；专利授权 166609 万件，同比增长 18.83%，增速
高出全国平均水平 12.88 个百分点，居全国首位；截至 2019 年底，深圳
累计有效发明专利量达 138534 件，同比增长 16.54%。每万人口发明专利
拥有量达 103 件，约为全国平均水平（13.3 件）的 8 倍。有效发明专利五

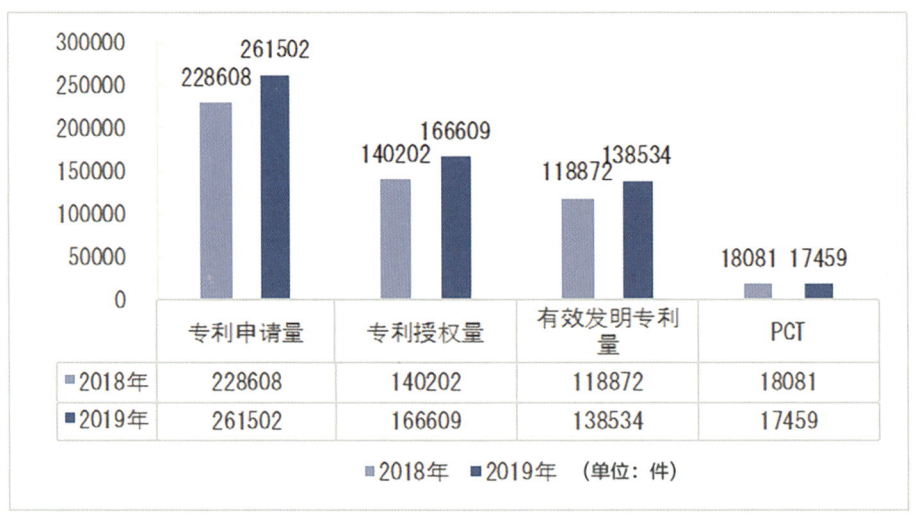

图 2-2　2018—2019 年深圳市专利数据（来源：《深圳市 2019 年知识产权发展状况白皮书》）

年以上维持率达 85.22%，居全国大中城市首位（不含港澳台地区）。

第三，深圳多家企业获得国家、省、市级专利奖。2018 年，第二十届中国专利奖评审中，深圳市再获佳绩，共获得专利金奖 4 项，占全国总数（30 项）的 13.3%；专利银奖 9 项；外观设计银奖 3 项；专利优秀奖、外观设计优秀奖分别为 51 项和 8 项，其中信立泰、主力智业、源德盛、优必选分别获得专利金奖各 1 项。2019 年，深圳市创新主体获评第二十一届中国专利奖金奖预获奖项目 5 项，获第六届广东专利奖评专利金奖 9 项、专利银奖 13 项。2019 年度深圳市专利奖评审中，评出专利奖 23 项。截至 2019 年底，累计评审出深圳市专利奖 290 件。2019 年，深圳市职务专利申请总量为 238402 件，占全市专利申请总量的 91.17%，深圳企业作为创新主体的地位十分显著。

第四，深圳企事业单位在商标和软件著作权方面的产出明显增多。商标方面，2018 年，深圳市商标申请量为 481816 件，同比增长 22.61%；商标注册量为 326915 件，同比增长 78.89%。截至 2018 年底，深圳累计有效注册商标量为 1026193 件，同比增长 44.92%。有效注册商标量居全国大中城市第三名。2018 年，深圳新增中国驰名商标 12 件。截至 2018 年底，深圳累计拥有中国驰名商标 183 件。2019 年，深圳市商标注册量为 395243 万件，同比增长 20.90%，商标有效注册量为 1396734 万件，同比增长 36.11%，居全国第三。

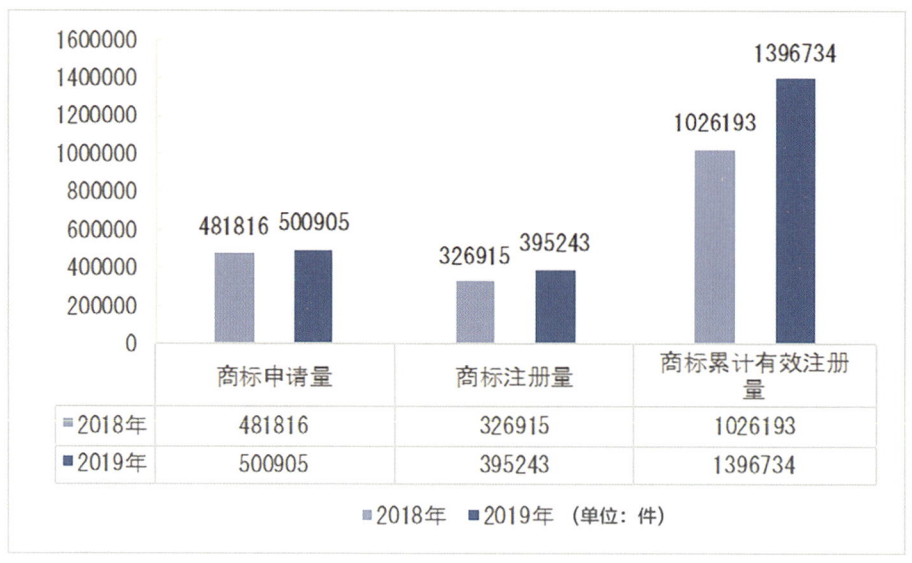

图 2-3　2018—2019 年深圳市商标数据(来源:《深圳市 2019 年知识产权发展状况白皮书》)

　　软件著作权方面，2018 年，深圳市计算机软件著作权登记量为 142695 件，同比增长 68.57%，占全国计算机软件著作权登记总量的 12.92%，占广东省登记量（268233 件）的 53.2%。雅昌文化集团获得 2018 年"中国版权金奖"（推广运用奖），2019 年度"全国版权示范单位"称号。中国平安保险（集团）股份有限公司获 2019 年度"全国版权示范单位（软件正版化）"称号。

3. 知识产权转化与运用实力增强

知识产权有效运用是创新发展的基本目标。《国家知识产权战略纲要》提出，到 2020 年，把我国建设成为知识产权创造、运用、保护和管理水平较高的国家。党的十八届三中全会审议通过的《中共中央关于全面深化改革若干重大问题的决定》强调，必须"加强知识产权运用和保护"，表明知识产权运用和保护是影响我国当前创新发展的两大关键重要节点，也指出未来知识产权战略实施的主要攻坚点。在深圳，知识产权运用的主体是企业，标志之一是具有自主知识产权的高新技术产业持续快速增长。

2019 年，深圳市推进知识产权运营服务体系建设，实施"组合拳"，夯实知识产权产业化基础保障。深圳市市场监督管理局大力落实《深圳市知识产权运营服务体系建设实施方案（2018—2020 年）》，出台全市知识产权质押融资、专利保险扶持举措，给予知识产权质押融资贴息贴补，降低知识产权金融创新成本；在深圳战略性新兴产业，培育近 30 个规模较大、布局合理、具有国际竞争力的高价值专利组合，提升企业核心竞争力；实施 3 项重点专业产业专利导航培育工程，开展 9 项全市重大经济活动知识产权分析评议工作，在行业协会、产业园区布局 5 家以上的商标品牌示范基地，支持建设 4 家知识产权大数据平台，为专利技术的产业化、投融资、许可转让等需求，提供精准数据分析服务；制定《深圳市知识产权运营基金管理办法》《深圳市知识产权运营基金管理人遴选方案》，加快深圳市知识产权运营基金建设；推动搭建中国（南方）知识产权运营中心企业知识产权公共服务平台，推出知识产权质押融资创新产品"知易贷"，辅导对接企业 128 家，培育知识产权强企 12 家，培育高价值专利 146 件。比如，在南山区助推创梦天地科技公司成功获得 1 亿元版权质押贷款，为新兴产业与银行建立融资渠道。还鼓励行业协会、行业龙头企业成立产业知识产权联盟，推进重点产业知识产权联盟建设。截至 2020 年 7 月底，深圳市备案在册的产业知识产权联盟达 22 家，其中，在国家知识产权局备案的有 11 家。

近年来，深圳的知识产权证券化探索走在全国前列。截至目前，深圳市共有 4 单知识产权证券化产品在深交所审核通过，其中 2 单已成功发行。2019 年 12 月，深圳市市场监督管理局推动发行了全国首单以小额贷款债权为基础资产类型的知识产权证券化产品，首期规模 1.24 亿元；2020 年 3 月新冠肺炎疫情期间，推动发行了全国首单疫情防控知识产权证券化产品，发行规模 3.2 亿元；2020 年 7 月 16 日，会同坪山区政府，联合有关机构推动获批发行储架 10 亿元的 "坪山区－南方中心－长江 1—10 期知识产权资产支持专项计划" 产品，是全国范围内首支聚焦生物医药专门领域的知识产权证券化产品；2020 年 6 月 19 日，深交所审核通过的 "龙岗区－平安证券－高新投知识产权 1—10 号资产支持专项计划" 的相关发行工作，正在准备中。

知识产权证券化产品的接连落地，有效拓宽了科创型企业的融资渠道，破解了融资难、融资贵的困境，是深圳建设中国特色社会主义先行示范区、落实知识产权证券化工作的有益探索，凸显了深圳市在知识产权运营工作中的示范效应和引导作用，构建起知识产权证券化先行示范的 "深圳模式"。

深圳市抢抓 "双区驱动" 机遇，创建知识产权先行示范样板，着力打造知识产权金融创新试验田。还出台实施一系列知识产权质押融资政策，完善质押融资风险补偿体系，建立坏账补偿机制及风险补偿基金，推广和创新知识产权质押融资和保险有机融合的 "保贷联动" 新模式。2019 年，全市共进行专利权质押登记 162 件，惠及企业 143 家，涉及专利 1063 件，平均每件专利权质押登记涉及的专利量为 6.6 件。其中，发明专利和实用新型专利占 99.06%，共 1059 件。

2019 年，全年专利权质押金额总计 32.38 亿元，平均每件专利涉及的质押金额 304.65 万元。其中，质押金额在 100 万元至 1 亿元的占 95.06%，共 154 件；质押金额 1 亿元以上的为 7 件，占 4.32%。2020 年第一季度，深圳市专利权质押 59 件，占比 26.34%，质押金额为 15.46 亿元，占比 35.71%，居全省第一。

深圳市提高知识产权综合运用效能，全面带动产业优化升级，助推区域经济高质量发展。同时，大力推进建设全国首家开展国际化知识产权金融业务的知识产权和科技成果产权交易中心，创新知识产权和科技成果产权交易模式及技术交易市场运营体制机制，加快知识产权和科技成果商品化、资本化、产业化发展。2019 年，国家专利技术（深圳）展示交易中心线上平台共计展出 4500 多项专利技术产品，累计发布预交易专利信息 20300 余项，覆盖电子机械、新能源等近 30 个技术领域。2019 年度，该中心共完成专利交易 68 件，交易金额 420.3 万元；历年累计完成专利交易 1705 件，累计交易额达 9514.1 万元。

4. 知识产权保护水平不断提高

2020 年 1 月 10 日下午，深圳市市场稽查局知识产权稽查处经过 3 个多月的前期调查及网络证据收集工作，联合南山区公安局粤海派出所，对位于南山区科技园某大厦内的"大某视界"文化传媒有限公司进行了全面彻查。

2019 年 9 月初，深圳市市场稽查局接到投诉，网络上一款名为"大某视界"的 App（应用程序）涉嫌侵犯合法影视作品版权情况。知识产权稽查处执法人员立即通过"云上稽查"对有关线索进行监测排查及证据固定，确认涉事 App 确实涉嫌存在侵犯版权情况，决定重点投入骨干技术力量，对涉事 App 进行深入且全面的网络技术调查。经过多方努力排除各种技术难题，终于获取了涉事 App 大量侵犯合法影视资源的核心证据，并与公安部门及检察部门进行了证据效力确认。最后，对涉事企业进行了联合查处。负责涉事侵权 App 运营的所有相关关键人员悉数归案，共计刑拘 9 人，初步统计涉及侵权影视作品 3268 部，累计盗版传播点击总量高达 3000 余万次，涉案额达 110 余万元，已属于严重侵犯版权，须依法追究相关责任人的刑事责任。

图 2-4 2020 年 4 月 27 日，经国家知识产权局批准，国家海外知识产权纠纷应对指导中心深圳分中心正式揭牌

该次网络侵犯版权案的彻底查处，是深圳市市场稽查局查处盗版《西虹市首富》《流浪地球》等案件后，网络知识产权保护能力的又一次重要展现，也再次为互联网时代下做好知识产权保护工作提供了重要实践范例。

近年来，深圳知识产权保护水平明显提高，这与深圳市委、市政府高度重视知识产权工作分不开。市委、市政府将知识产权保护作为城市的生命线战略，提出实施最严格的知识产权保护措施，先后建成深圳知识产权法庭、中国（深圳）知识产权保护中心等国家级平台，出台知识产权保护"36条"等相关条例，构建起全链条保护的政策体系，推动深圳知识产权保护工作不断改革创新。

（1）健全知识产权保护体制机制。一是强化联席会议统筹协调职能。强化深圳市知识产权联席会议制度，提升会议规格，由市委常委、常务副市长担任联席会议召集人，分管副市长担任副召集人，建立案件协作、督查等制度，推进知识产权案件集中管辖。成立深圳知识产权法庭，推动市公安局、市检察院建立专门办案机构，市市场监督管理局成立知识产权稽查处，打造快速、精准、专业、高效的知识产权保护体系。早在2010年，深圳两级法院就正式启动知识产权"三审合一"的审判体制改革，探索知识产权审判的"深圳模式"，实现知识产权民事、刑事、行政三类案件统一执法标准、整合审判资源、统一审判力量。

二是健全知识产权联动保护体系。市市场监督管理局建立三级联动的行政执法体系，设立知识产权稽查处，联合相关执法部门查处大案、要案。组织"有为行动""护航""雷霆""剑网""铁拳"等系列专项行动，知识产权执法力度不断加大。2016年至2019年，市市场监督管理局查办知识产权案件从711件增长至1787件，案件数增长了151.3%。其中，

2019 年查处侵权案件数量同比增长 46%，结案 1734 件，罚没款 5183.78 万元，移送公安案件 49 件，专利案件同比增长 158.23%。还联合公安机关破获案值 1.1 亿元的特大假冒境外食品药品注册商标案；在"有为行动"中查办案值达 3 亿元的 O2O 维修式侵权案，刑拘 31 人；罚款 2.6 亿元的"快播公司侵犯著作权案"在广东省高院二审得到维持原判；依托云上稽查平台处理《西虹市首富》电影版权被侵害事件，帮助权利人减少损失过亿元，严厉打击了恶意侵权、重复侵权等各类违法行为。

三是加强知识产权的司法保护。深圳司法机关对创新创业、公平竞争进行司法保护，稳步提升法治营商环境。2019 年，深圳市公安机关开展"飓风 2019""粤鹰""云枭二号"等专项行动，共受理各类侵犯知识产权案件 607 件，其中立案 590 件，同比增长 5.36%，破案 518 件，刑事拘留 1131 人，取保候审 372 人，执行逮捕 895 人，移送审查起诉 683 人。深圳市检察机关受理审查逮捕案件 433 件，涉事人员共 830 人；受理移送审查起诉案件 394 件，涉事人员共 739 人。南山区检察院办理的胡小宝侵犯著作权案，入选 2018 年度广东省检察机关保护知识产权十大典型案例。几年来，深圳市各级人民法院新收知识产权案件 42660 件，同比增长 87.26%，其中新收民事一审案件 34260 件，新收民事二审案件 7916 件，刑事案件 476 件，审结知识产权案件 41031 件。

四是建立"快保护"工作机制。《关于先行发布知识产权行政禁令的规定（试行）》里，明确了行政禁令的适用范围、申请事项、审查综合因素、发布及解除等内容，健全知识产权侵权的查处机制，积极推进知识产权"快保护"的监督和处置。联合市发展改革委员会、中国人民银行深圳市中心支行等 32 个部门签署《知识产权（专利）领域严重失信主体联合惩戒合作备忘录》，明确严重失信行为界定、跨部门联合惩戒措施和具体实施方式，建立"一处失信、处处受限"的知识产权信用惩戒机制。

（2）探索新领域的知识产权保护模式。第一，建立互联网领域知识产权保护新模式。依托"云上稽查"平台建立知识产权网络监测和固证平台，查办的"4·16《流浪地球》电影网络被侵权案"为全国首宗成功破获的利用微信公众号及云服务器侵犯知识产权的案例，累计屏蔽拦截超 2 亿次。利用全国专利管理部门与电商平台协作执法机制，运用电子证据存证固证、专利侵权判定等技术，加大电商领域专利违法打击力度。自 2017年接收电商委托专利侵权判定以来，共完成电商领域专利侵权判定案件906 件，实现 24 小时内出具专利侵权判定的效率。

第二，建立知识产权保护技术支撑体系。推动深圳首批两家知识产权司法鉴定机构（广东公标知识产权司法鉴定所、广东安证计算机司法鉴定所）落户前海，开展知识产权鉴定业务。统筹市标准技术研究院、司法鉴定机构等部门，开展国家知识产权侵权纠纷、检验、鉴定技术支撑体系试点建设，加强电子证据取证存证固证、侵权判定、司法鉴定等服务。2019年，广东公标知识产权司法鉴定所接受委托知识产权鉴定类案件 52 宗，结案 47 宗，为企业提供及时有效的技术支持。

第三，建立技术调查官制度。结合"云上稽查"在线固证系统，市市场监督管理局推动建立知识产权行政执法技术调查官制度，制定知识产权技术调查官线上全过程工作流程，利用互联网监管技术突破传统空间局限，建立专业高效的在线鉴权工作机制，进一步探索商业模式等新领域的知识产权保护机制。

（3）强化企业知识产权维权援助。一方面，完善企业知识产权维权援助机制。紧扣企业需求、产业发展、海外知识产权维权形势等客观要求，推动制定海外知识产权维权系列指引，完善《知识产权维权援助服务指南》等八项广东省地方标准，制定针对美国、印度尼西亚、欧盟等国家和地区的《电子商务行业知识产权海外维权国别指南》，为企业快速成长和"走出去"提供必要、精准的理论指导。另一方面，建立重点企业知识产权保护直通车制度。为纳入知识产权保护重点企业名录的单位提供快捷高效的知识产权保护服务。目前，共有首批258家企业进入市级重点企业名录、15家进入省级重点企业名录；对高新技术企业、重点企业实施"一企一策"保护，制订针对性方案，加大保护力度，推动企业完善保护体系；出台中小企业知识产权保护和利用方案，从提高纠纷解决效率、加强海外维权等八个方面强化知识产权保护。2020年4月8日，国家海外知识产权纠纷应对指导中心深圳分中心正式获得国家知识产权局批复，成为第一批获批设立的十家地方分中心之一。深圳分中心是以中国（深圳）知识产权保护中心为依托，为公众提供海外维权服务的综合性公益平台，可以为深圳"走出去"的企业在更加高效、便捷的海外知识产权风险防范和纠纷应对方面，提供服务。

与此同时，率先在全国设立知识产权保护资助机制。从2016年起，每年对全市企业开展涉外维权、大数据监测等具有重大行业影响的国内外知识产权维权工作进行资助。2019年，修订出台专项资金管理办法和操作规程，对知识产权维权、风险防控、纠纷调解等进行重点支持。已累计对全市160个项目进行资助，金额达7577.65万元，涵盖涉外维权诉讼、新业态新领域大数据监测、电子证据取证平台建设、中小企业知识产权保护等领域，通过政策扶持进一步强化企业维权能力，帮助创新型企业解决知识产权维权难、成本高等问题。

（4）健全知识产权保护服务体系。首先，推动建设中国（深圳）知识产权保护中心。2018年7月9日，国家知识产权局批复同意深圳建设

图2-5　2019年11月26日，深圳市知识产权"一站式"协同保护平台启动仪式顺利举行

中国（深圳）知识产权保护中心，面向新能源和互联网产业开展知识产权快速协同保护工作。2018年12月26日，保护中心正式在前海挂牌运行，打造集快速授权、确权、维权等功能于一体的知识产权快速协同保护平台，为深圳重点产业创新发展提供有力支撑。其次，打造知识产权"一站式"协同保护平台。以中国（深圳）知识产权保护中心为枢纽，联合法院、检察院、仲裁院、公证处、律师协会等职能单位，健全知识产权纠纷调解协议与仲裁裁决、司法确认的衔接机制，已推动首批9家知识产权保护机构入驻，专利申请快速预审备案的企事业单位共1368家，接收预审案件1358件，预审合格案件642件，平均预审周期为3.7天；引进5家知识产权调解组织的140名专业调解员，处理调解案件3000余件，打造"全链条""一站式"知识产权协同保护大平台。最后，建设行业知识产权

图 2-6　2020 年 4 月 21 日，以视频图文直播形式启动深圳市 2020 年知识产权宣传周

保护网。市市场监督管理局出台政策，支持和鼓励行业协会建立知识产权保护工作站，在外商投资、无人机、机器人等领域推动建设 80 家知识产权保护工作站，服务企业近 10 万家，精准实施培训、指导、维权、孵化等服务。建设深圳市知识产权保护工作站联盟，并入驻保护中心，形成行业知识产权保护网，服务企业知识产权保护需求。

对知识产权的保护是创新创业得以顺利发展的制度基础。若缺乏有效的知识产权保护体系，创新者进行创新投资的预期收益将大幅降低，创新投资活动会受到抑制。发达国家的发展经验也表明，知识产权保护体系是大规模创新活动得以展开的"软性基础设施"。在知识经济时代，知识产权保护已经成为关系国家和地区核心竞争能力，培育国民经济长远发展的关键。深圳市市场监督管理局、市公安局、市检察院等多个部门联手出击组合拳，推动《保护条例》各项重大制度落地实施，对优化深圳知识产权保护环境发挥了重大作用。

5. 知识产权公共服务质量明显提升

2019年7月16日，深圳市市场监督管理局深圳市标准技术研究院（以下简称"标准院"）宣布，知识产权纠纷调解和知识产权侵权技术鉴定业务形式入驻中国（深圳）知识产权保护中心，开设专门的业务服务窗口。这仅仅是深圳不断丰富和优化知识产权服务的系列举措之一。

深圳不断深化知识产权"放管服"改革，高标准建成并启动运营中国（深圳）知识产权保护中心。2019年，共受理、完成专利电子申请8.8万件，专利申请优先审查推荐2000余件，受理审核专利费用减缴备案8万件，审核时限由25个自然日缩减为7个自然日；共受理专利质押融资登记数量126件，金额35亿元，全体业务"零差错"记录刷新为57个月。该中心受理的三种专利快速预审首次响应周期平均为4.2天，专利授权周期平均为35天。

推进商标注册便利化改革，提升商标受理窗口服务质量。深圳商标受理窗口分窗口顺利进驻保护中心设立的深圳国家知识产权专利代办处，报批设立前海商标受理窗口。深圳商标受理窗口荣获"2019年全国商标工作先进单位"，全年共办理商标受理业务23218件，居全国212个窗口第一位。受理商标质押业务8件，涉及商标66件，质押金额达4020万元。还正式启动深圳市知识产权专项资金知识产权服务平台，实现企业网上全流程、无纸化、不见面的项目申报形式。

（1）持续提升知识产权公共服务质量。推动搭建中国（南方）知识产权运营中心企业知识产权公共服务平台，推出了知识产权质押融资创新产品"知易贷"。截至2019年底，共辅导对接企业128家，培育知识产权强企12家，开展高价值专利培育146件。不仅培育5家商标品牌示范基地，为深圳市中小微企业在商标品牌培育、宣传推广、维权等领域提供公共服务，还加大国内外高端知识产权服务机构的引进力度，加强本地知识产权运营机构的培育，为深圳企业提供高端知识产权服务。2017年，引进爱谱仕德（深圳）知识产权咨询代理有限公司、工信赛瑞（深圳）知识产权研究院有限公司等7家国内外高端知识产权服务机构，入驻深圳开展知识产权业务。2018年，引进美国布林克斯律师事务所（驻深圳代表处）、思保环球知识产权管理服务（深圳）有限公司等国外高端服务机构，及中细软集团有限公司、北京德和衡律师事务所、上海新净信知识产权服务股份有限公司3家国内高端服务机构。目前，共引进国内外高端知识产权服务机构12家，培育知识产权运营机构8家，引导全市知识产权服务业对标最高最优，吸引国内外高端知识产权服务人才落户深圳。另外，推动建立76家知识产权保护工作站联盟，为10万家企业提供科技创新和知识产权保护服务。2019年，完成42家单位合计1864万元资助。

同时，连续四年在文博会上设立版权服务工作站，开展著作权免费登记等服务；首次在高交会上设置了"知识产权服务工作站"，为参展企业提供知识产权确权、鉴定、融资、维权等服务，切实完善知识产权保护服务体系。

（2）大力推动服务平台培育工作。既大力实施《促进科技创新若干措施操作规程》，先后培育专利交易、知识产权金融等8家知识产权服务平台，累计资助达800万元；还贯彻落实《深圳市知识产权区域布局试点工作方案》的有关要求，加快深圳市知识产权区域布局信息化工作，积极推动深圳市企事业单位开展知识产权大数据平台建设。2019年，共支持建设4家知识产权大数据平台，为深圳市产业转型升级和知识产权分析利用提供有力支撑。同时，推进战略性新兴产业等重点领域知识产权联盟建设，支持重点行业协会和企业组建知识产权维权联盟，建立健全联盟报告制度，形成知识产权布局与标准研发有效衔接。2019年，深圳备案在册的知识产权联盟已达22家，其中，深圳市金银珠宝创意产业知识产权联盟等10家联盟成功在国家知识产权局备案。

（3）强化知识产权信息传播利用。在深圳大学推动设立广东省首家高校知识产权信息服务中心。建成深圳职业技术学院知识产权信息服务中心，并举办广东省职业院校知识产权信息服务论坛，推动高校开展知识产权信息服务工作。还成功部署推广新一代地方专利信息服务中心专利检索及分析系统，中国（深圳）知识产权保护中心获批第二批试点单位。该系统涵盖103个国家和地区的上亿项专利，为创新主体提供公益性高端专利信息检索及分析服务。截至目前，系统注册用户为1266家，高级注册用户241家，累计IPC分类检索247.4万次，涵盖8个部，累计下载专利文

图2-7　放管服改革措施已落实在日常工作中

献 95.24 万件，累计专利分析 1.56 万次。2019 年，专门邀请国家知识产权局相关专家开设专利检索分析和专利导航专题讲座，共培训深圳市科研机构研究人员、高新技术企业高层管理人员和技术骨干共 100 余人。

（4）深化知识产权信息公共服务交流合作。充分发挥深圳大学国家知识产权培训（广东）基地作用，加强粤港澳大湾区知识产权交流与合作。不仅举办粤港澳大湾区知识产权法律联盟年会和论坛等重大论坛活动，探索建立粤港澳大湾区知识产权合作新机制，还推动基地与澳门知识产权研究中心、粤港澳知识产权联盟共同举办"创新粤港澳大湾区知识产权合作机制论坛"，连续举办"中国知识产权深圳讲坛"二十讲，为广大知识产权学者、专家和各界工作者提供交流平台。另外，成功举办首届粤港澳大湾区知识产权人才发展大会暨粤港澳大湾区知识产权人才供需对接会，首次在高交会开展知识产权人才供需对接会可以探索知识产权人才对接的交流模式，努力打造粤港澳大湾区知识产权人才发展新高地。

创造、运用、保护和管理是知识产权战略实施的四大抓手，犹如车之四轮，驱动着创新之车滚滚前行。深圳市大力实施知识产权战略，各方面工作有序展开，既贯彻创新驱动发展思路，又为塑造良好的营商环境和创新环境提供了有力支撑。

【案例链接】

"有为行动"：打击侵犯华为商标权行为

2019 年 10 月，深圳市市场稽查局召开打击侵犯华为商标专用权行动——"有为行动"案件通报会。共刑拘犯罪嫌疑人 31 人（含 3 名主要嫌疑人），查获手机制假窝点 27 个。2020 年上半年，深圳市市场稽查局继续开展一系列"有为行动"，已累计查处制假窝点 70 余个，累计涉案金额达 4.5 亿元。

华为公司对其产品和服务知识产权保护提出诉求，深圳市市场稽查局知识产权稽查处对深圳市场出现的侵权行为进行研判分析，于 2019 年 4 月首次开展打击侵权的"有为行动"。知识产权稽查处追根溯源，深挖扩线，发现"互联网＋全国连锁维修"这一新型的知识产权侵权形态：总部设在重庆的手机维修连锁企业"极客修"，利用互联网平台，以 O2O 模式（线上接单、线下门店维修）开展手机等电子产品维修服务，其业务涉及华为等多个知名品牌。华为公司确认，其使用的华为品牌配件均为侵权产品。经调查摸底，侵权产品由位于深圳市、东莞市和汕尾市的 6 个生产窝点提供，并由位于深圳市的两个全国总仓库发往全国 10 个省 37 个城市的 70 余个维修点。由于涉案范围广、涉及品牌多、案情重大，深圳市市场稽查局决定再次组织开展"有为行动"。

2019 年 9 月，深圳市市场稽查局联合市公安局，提请国家市场监督管理总局、公安部、全国"双打办"统一部署，在广东、北京、上海、重庆等 30 余个重点地区，先后开展刑事集中打击和行政统一执法，累计检查目标点 59 个，查获假冒华为等品牌手机配件 12 万多个，总涉案金额高达 3 亿元。其中，深圳市检查目标点 10 个，查获假冒手机配件 10.2 万多个，刑拘 8 人，追逃 1 人。

深圳市市场稽查局负责人介绍，破获该案件主要运用了"线上＋线下""市场稽查＋公安经侦"的调查方式，及时摸清动态，通过"鸿蒙云台"云上稽查系统切入云端，破解网络取证难题。针对违法犯罪团伙"资金线上流转、违法配件线下传递、交易数据云上存储"的 O2O 运营模式特点，深圳市市场稽查局采取"线上＋线下""市场稽查＋公安经侦"模式同步追踪调查：一方面，通过"鸿蒙云台"，在线获取"极修客"交易数据，安排执法人员参与外围核实工作；另一方面，判断案件已达到刑事追责标准后，迅速协调公安部门成立联合专案组。联合专案组进一步锁定了涉案人员、地点、产品、资金流向等具体信息，理清了案件脉络，为"两法衔接"联合打击做好了充分准备。

图 2-8 "有为行动"案件通报会受到广泛关注

创新运用云上稽查技术，在线调取和固定证据。针对网络交易案件调查取证难点和违法证据可云端存储的特点，深圳市市场稽查局于2014年自主开发"鸿蒙云台"云上稽查系统，这是全国第一个在线调取和固定数据的网

图 2-9　云上稽查获"2019 中国政府信息化管理创新奖"

络执法系统，也是与阿里云、腾讯云等国内主要云平台的合作成果之一。该系统允许市场稽查部门在法律允许的范围内，对国内主要云平台内各类数据进行搜集筛查、在线调取以及实体关联，大大提高了调查的效率和准确性。此外，"鸿蒙云台"引入哈希值、镜像等技术，确保在线调取和固定的数据不可篡改，经在线司法鉴定后具备法律效力。

联合专案组通过"鸿蒙云台"在线调取了"极客修"公司的网站、App、微信公众号、网店等渠道的接单记录、交易记录，通过司法鉴定固定证据。截至行动前，共调取分析相关电子证据23万条，基本掌握了该公司的经营情况和上下游公司的关联情况，为案件的成功侦办打下了坚实的证据基础。

创新收网策略"两步走"，斩首擒王效果好。联合专案组设计了斩首擒王"两步走"的收网策略：第一步，9月4日在全国统一开展刑事打击收网行动，抓捕涉案大小头目，瘫痪"极客修"侵权连锁网络；第二步，

9月6日至9月12日开展后续行政执法收网清理工作。因行动牵涉面广、参与人数众多、全国多地联动，刑事打击收网行动采取网络指挥方式，先通知执法人员到目标点附近待命，提前半小时将具体店名和地址发送到执法人员移动执法终端。此外，专案组专门制作了工作指引，统一执法标准，提高行动效率。

9月4日，全国的28个行动组同步行动，共检查目标点27个。深圳还派出一个行动组赴重庆配合当地收网工作，现场检查"极客修"总部，调取该公司后台财务和运营数据。经初步计算，2017年以来总涉案金额达3亿元。

9月6日至12日，北京、天津、浙江、湖北、湖南、山东、山西等省市的市场监管部门先后开展后续行政执法收网清理行动，共检查目标点32个，涉嫌违法的门店均受到当地市场监管部门立案调查。

2020年上半年，深圳市市场稽查局知识产权稽查处继续深挖扩线，联合公安机关分别于1月14日、4月14日、5月14日查处制售假冒华为等品牌手机配件窝点3个，现场查扣物品货值205万元，抓刑拘嫌疑人11人，逮捕4人。

截至目前，"有为"系列行动，已累计查处窝点70余个，累计涉案金额达4.5亿元。该系列案件先后被评为2019年度国家知识产权行政保护典型案例、广东省2019年知识产权十大事件、深圳2019年度知识产权十大事件。

深圳实施标准化战略和质量强市战略

习近平总书记在兰考县调研时曾指出："标准决定质量，有什么样的标准就有什么样的质量，只有高标准才有高质量。"这句话深刻地阐述了新常态下标准、质量的内在联系和促进意义。

抓住了标准，也就抓住了以创新驱动为特征的关键；抓住了标准，就意味着抓住了更快、更好实现"深圳质量"的高效路径。因此，深圳实践创新发展理念，在"深圳速度""效益深圳""深圳质量"的基础上，又提出了"深圳标准"这一新理念和新要求。

深圳市委、市政府一直高度重视质量标准工作。深圳市委书记王伟中曾指出，要把质量强市战略作为城市发展的长远重大战略，推进经济、社会全面迈向质量时代。2017—2019 年，连续三年着力构建"城市质量提升年"，打造深圳标准就是推动城市高质量发展的根本路径。为此，深圳市委、市政府制定了一系列的法规、政策，明确用深圳标准涵盖经济、社会、生态、文化发展和政府服务等各领域，定位国内领先、国际一流。这是对深圳质量的量化与规范。

2016 年，国家标准化管理委员会正式批复，允许深圳在全国率先开展"标准国际化创新型城市"示范创建工作。这是对深圳标准建设工作的肯定，也对深圳提出更高要求。市领导明确要求，深圳要勇担国家赋予的使命，把创建工作抓出成效，力争在全国标准国际化创新型城市建设中走在全国前列，当尖兵、作示范。

三年多来，深圳全力开展深圳标准工作的机制体制建设，强化标准创新和实施，推进标准国际化进程，顺利完成了示范创建任务。在建设粤港澳大湾区和中国特色社会主义先行示范区的时代背景下，市委、市政府更加重视推进标准化工作在深圳的应用，大力推动深圳市企业和组织从标准的"跟随者"向"引领者"转变，助力深圳高质量发展，城市综合经济竞争力世界领先，成为具有全球影响力的创新创业创意之都，成为我国社会主义现代化强国的城市范例。

1. 全面深化标准化工作改革

经过 40 多年的改革开放和创新融合，深圳已拥有晋升世界一流城市的实力，已具备制定和实施更高标准的硬基础。对标世界先进水平、构建世界一流水平的深圳特色标准体系，既是深圳自身发展的需要，也是为我国全面提升标准建设水平、抢占未来竞争制高点的必然选择。

2015 年，中国国家认证认可监督委员会批复，同意深圳开展产品和服务自愿性认证试点，赋予深圳在认证领域更大的规则制定权。同年，深圳市市场监督管理局先行先试，率先在全国出台实施"深圳标准"认证制度，以高于国家标准、填补技术空白、满足消费者高质量需求为立足点，对企业标准和团体标准进行先进性评价，树立先进企业标准标杆，带动产业发展。该认证制度实施以来，深圳企业积极申请"深圳标准"认证，有效提升了标准水平，提高了产品和服务质量，产品销量得到增长，企业竞争力有效增强。随着"深圳标准"公信力不断提升，消费者对认证企业消费信心和品质获得感持续提升，形成了良好的微观经济效应，进而延伸至宏观经济效应。

深圳坚持以高标准引领经济社会高质量发展，积极打造深圳标准，率先在全国创建"标准国际化创新型城市"，为加快建设中国特色社会主义先行示范区奠定坚实的标准化工作基础。

图 3-1 "深圳标准"标识

第一，以顶层设计为先导。深圳市先后通过了《关于加强深圳经济特区标准建设若干问题的决定》《关于打造深圳标准构建质量发展新优势的指导意见》《深圳经济特区质量条例》等多项政策法规，从立法保障、纲领指导、行动方案等方面构筑起较为完善的制度体系，首次在国内实现地方性标准建设的顶层制度创新，为打造深圳标准营造了良好的政策环境。

同时，成立由市政府主要领导担任组长、分管副市长担任副组长、4个市委部门、26个政府部门和10个区（新区）管委会主要负责人为成员的深圳标准工作领导小组，负责领导、统筹和协调深圳标准工作，并且下设办公室，负责日常工作。

第二，以制度创新为保障。有了政策的铺垫和高规格的领导机构，深圳又率先在全国制定实施名为《行政机关推进实施"标准+"战略工作指南》的地方标准，该指南梳理现行有效标准清单1277项，指引各行政机关以标准清单为基础，对标国际一流，研究制定标准体系规划和路线图，促进各行政机关提升管理和服务效能。同时，率先在全国出台地方性团体标准管理办法，建立企业标准自我声明公开制度和先进性评价制度，还建立深圳标准认证制度和标识管理制度，为市场主体参与打造深圳标准创造了良好的制度环境。

第三，以绩效考核工作为抓手。将深圳标准纳入全市绩效考核体系，分数占比大、任务考核全面。从组织落实情况、重点任务完成情况、标准实施成效等方面对各部门进行考核，强化了政府相关部门在推进标准工作中的责任感和紧迫感，进一步发挥各部门的工作主动性和积极性。

第四，深圳标准采取杠杆激励措施。深圳专门设立打造深圳标准战略专项资金，间接撬动社会资本对标准化投资的规模化发展趋势，较好发挥出政府的专项投入对全社会标准建设的杠杆激励作用。同时，大力鼓励市场化主体参与标准化活动，旺盛的民营经济成为推动产业标准化工作持续发展的重要主力。深圳企业参与各类标准的制定、修订数量和质量在全国

图 3-2　2017 年 2 月 24 日，深圳标准工作领导小组办公室在市民中心组织召开创建标准国际化创新型城市国际标准化人才培养推进会

均位居前列。

第五，加大人才培育力度。深圳率先出台标准化工程师评定以考代评的办法，累计注册标准化工程师 1793 人；组建深圳标准专家库，聘任具有国际标准水平的专家 167 名；自 2016 年起，连续三年承担国际电工委员会（IEC）青年专家全国选培活动，深圳专家连续两届当选全球 IEC 青年专家领袖，实现我国在该领域国际标准化人才培育从无到有、从有到强的突破。2017 年 12 月 8 日，深圳获批建设全国首个国际标准化人才培训基地，在此基础上，深圳市市场监督管理局联合深圳市坪山区人民政府和深圳技术大学共建深圳技术大学质量和标准学院，加大标准化复合型人才培养力度。此外，充分发挥行业协会商会、标准联盟、重点企业等市场化的标准支撑作用，开展各领域的标准化知识公益性系列培训。

第六，对标国际通行做法，实施深圳标准认证制度。深圳市市场监督管理局首次在全国主张从产品创新、符合产业政策引导方向、填补国内（国际）空白、严于国家行业标准、清洁生产、产品安全健康环保、消费体验、行业特殊要求这八个方面科学提取产品和服务的先进指标。不满足此八项指标的，将无法通过"深圳标准"认证。认证制度上，样品检测结果采信采用"产品检测 + 工厂检查"的认证模式。认证基础建设方面，深圳市市场监督管理局持续完善深圳标准产品后备库建设、标准服务人才库建设、信息平台及各类交流平台建设三大工作，既为"深圳标准"制度提供技术和人才保障，又有效提升了企业与行业制定先进标准的积极性。

为建好深圳标准产品后备库，深圳市市场监督管理局累计调研走访了近两百家各行业企业，广泛征集意见，以产品的行业数据及参数、认证的技术要求等指标作为确定产品目录的依据。截至 2019 年底，从该后备库中孵化的认证产品或服务达到 30 个，既包括了智能手机、耳机、多旋翼航拍无人机、人形教育机器人、基因测序仪、自动体外除颤仪、毫米波人体安检设备、登机桥等高端制造业产品，也涉及纺织品、家具、手表等日用消费品和物业服务。在质量标准上，此 30 个认证产品均达到世界一流水平。

为建设标准服务人才库，保障深圳标准认证活动的客观独立、公开公正，深圳市市场监督管理局组织深圳标准认证联盟，联合科研机构和国内外认证检测机构专家，组成标准认证检测专家库。目前，成员已达 100 余位。专家库支撑企业或团体标准编制、行业调研、认证目录的筛选、先进性评价细则评审、认证实施评审等深圳标准认证活动。信息平台及各类交流平台建设，则为政府、企业、消费者、先进性评价机构和认证检测机构等提供了互学互鉴的条件，有效提升了深圳标准的社会影响力。

值得一提的是，"深圳标准"产品不搞终身制。为确保其质量持续稳定和保持领先，深圳市市场监督管理局对通过认证的企业进行持续跟踪，将获得认证的产品纳入深圳市年度产品质量监督重点抽查计划中，一旦检测获得认证的产品不合格，除了重罚和通报之外，该生产企业也可能被取消认证。

2. 深圳标准助推经济转型升级

标准化正在为深圳这座创新型城市注入新的活力，企业参与国际标准化的能力不断提升。对于很多企业而言，标准化工作不只是产品研发或者制定产品标准、规格，更能提升企业的管理水平和效率，争取更多话语权。深圳企业主导、参与国际标准化研制数量呈逐年上升趋势。

　　截至 2019 年底，深圳全市已累计有 35 家企业共 48 个产品和服务获得了"深圳标准"认证。既有华为、大疆、华大智造等高端制造业，也有全棉时代、森堡家等与民生息息相关的传统优势产业。"深圳标准"认证制度的实施，提升了深圳企业和行业标准制定和实施的水平，提升了多个产业整体质量水平和开拓市场的信心。从标准指标的先进性分析已发布的 27 个"深圳标准"产品，它们共填补了国内（国际）空白指标 84 项，超出国家、行业标准指标 181 项，实现产品安全健康环保指标 172 项、清洁生产指标 63 项、提高消费体验指标 177 项、满足行业特殊要求指标 15 项。27 个"深圳标准"产品均将标准的魅力发挥到前所未有的水平。

　　宏观效应方面，随着"深圳标准"受重视程度越来越高，行业龙头骨干企业和中小企业隐形冠军的"领跑"和"标杆"作用持续提升。"深圳标准"先进性培育、发展和保护机制逐渐成形，形成了由主导产业、优势特色产业、战略性新兴产业头部企业拉动整个产业质量的新型发展模式和良性循环发展。如华大智造积极认证"深圳标准"，与中国食品药品检定研究院共同起草基因测序仪的行业标准，提升了整个行业的标准水平和产品技术水平。他们也因为践行"高标准"，将测序仪产品行业最大测序通量提升了 10 倍，图像数据处理速度提升了 15 倍，综合测序速度比行业最高水平提升 50% 以上，远远领先于国际其他测序仪，形成了"以技术出标准、以标准促技术"的良性循环。此外，中航物业管理的中航中心项目获颁深圳标准服务认证的首张证书，是国内首张地方性物业服务证书。因为创新性引入先进的服务质量评价模型，具有较强的科学性和适用性，对深圳市物业服务行业的健康发展具有重大意义。

　　通过"深圳标准"确立行业标杆，不仅对提升同行业企业产品质量标准有积极作用，还能倒逼上游原料企业提高原材料供应标准，促进产业链

图3-3　2019年8月，2019年深圳标准认证工作新闻发布会上，颁发了国内首张地方性物业服务认证证书

上下游的整体联动，实现全产业链整体质量提升，引领消费转型升级。

　　微观效应方面，随着消费者对"深圳标准"标识认可度和辨识度的提升，通过"深圳标准"认证的企业产品市场占有率也得到有效提升。如全棉时代推出通过"深圳标准"认证的纯棉柔巾，成为该企业的爆款产品，不仅单款产品销量占据总销售额的25%，其2018年销售额比2017年增长18%。在市场走访中，先参照"深圳标准"标识再选择购买的消费者越来越多。

　　"深圳标准"认证制度也优化了企业组织结构。包括大疆、华大智造等近50%的认证企业都已设立标准部门，配备标准化专业人才，制定系列标准化管理制度，编制企业标准体系结构简图、明细表，将市场布局从国内拓展到国外，展现出多元化的组织架构和全球化的视野。"深圳标准"也由此走出国门，受到多个"一带一路"沿线国家的认可与青睐。

与此同时，深圳市市场监督管理局还通过召开新闻发布会、邀请媒体开展"走进深圳标准认证获证企业采访报道活动"等形式，进一步扩大"深圳标准"认证的知名度和美誉度。《中国质量报》还以《高标准撬动大市场》为题对"深圳标准"认证产品的市场现象做了生动报道。可以说，改革开放四十多年来，"深圳标准"制定的热情和执行新标准的热情从来没有像今天这般炽热而美好。

目前，"深圳标准"认证已进入发展的快车道，越来越多的企业正在积极参与标准认证，越来越多的经销商和消费者开始将"深圳标准"等同为"品质上乘""性能卓越"。"深圳标准"认证制度正处于发展的大好时

图 3-4　2019 年 9 月，深圳市标准国际化创新型城市示范创建考核验收会召开

期，深圳市市场监督管理局将在以下三方面加大工作力度：一是修订标准专项资金资助操作规程，对通过认证企业加强支持力度。二是进一步扩充认证产品和服务的行业范围，将更多消费产品和服务纳入认证目录。三是对获得深圳标准认证企业和产品服务加强宣传，提高"深圳标准"在全社会的影响力。

3. 标准国际化进程卓有成效

经过连续三年标准实施战略，深圳标准国际化水平显著提升，国际标准机构聚集地效应逐步显现，标准化国际交流合作不断开展。

（1）深圳参与国内外先进标准研制

以华为为例，在极为严苛的外部挑战下，2019年华为获得众多产业组织、合作伙伴的信任和支持，共同维护公平、公正、公开的产业环境。全球移动通信系统协会、欧洲电信标准化协会、电气和电子工程师协会、国际互联网工程任务组、电信管理论坛等国际组织发表公开声明，在遵循法律的基础上，支持包括华为在内的所有会员参与公开的产业活动。截至2019年底，华为加入了400多个标准组织、产业联盟和开源社区，担任超过400个重要职位，持续与国际标准组织加强合作。华为在信息与通信技术基础设施及智能终端领域积极投入并参与标准制定与产业发展。在超过200个标准组织中，累计提交标准提案超过6万篇，与重要国际标准组织和产业组织持续加强合作，共同促进全球产业升级。包括与业界伙伴共同维护5G全球统一标准，加速万物互联场景落地。华为积极配合国际电信联盟完善 5G 承载和光传送网（OTN）标准，促进 IP 网络技术和产业可持续发展，帮助国际移动通信业务频谱合理分配。

深圳市市场监督管理局有关负责人介绍，华为是深圳优秀科技企业的代表，从整体情况上看，深圳参与国内外先进标准研制数量居于国内城市领先地位且呈直线上升态势。全市研制国际（含国外先进标准）国内标准总数从 2016 年的 4768 项，累计增长到 2019 年底的 6827 项，3 年内增幅达到 43.2%。

值得关注的是，深圳制定了 6 项中医药系列国际标准，在国际中医药领域产生较大反响。另外，深圳新能源汽车、消费级无人机、移动电话（对讲机）、移动电话 5G 系统等产品依靠领先的产品技术标准"走出去"，取得了丰硕的成果。比如，比亚迪电动汽车拿到巴西圣保罗纯电动公交大巴订单，随后在当地投资建厂，这也是深圳重点企业"技术标准出海"，促进"深圳标准"迈向国际化的一大进步。再如，在住房建设领域积极开展工作，以建筑材料预拌混凝土、预拌砂浆为切入点，开展工程技术标准对标试点，从绿色建材指标要素构成和指标水平等方面找不同、找互通，推动深圳地方标准与香港标准互认和融合。

（2）开展国际交流合作，标准化工作实现跨越发展

深圳参与发起、成立全球可持续发展标准化城市联盟。先后主办了 2017 年国际标准化组织治理标准化技术委员会（ISO/TC309）第三次全体会议、国际标准化组织涉及饮用水供应系统和废水系统的服务活动标准化技术委员会（ISO/TC224）第十一届全体会议（我国首次）、国际电工委员会纳米电工产品与系统技术委员会（IEC/TC113）年会，还承办了 2018 年国际标准化组织水回用技术委员会（ISO/TC282）第六次全体会

议暨（深圳）国际水回用高峰论坛、2018 年第三届中法标准化合作工作
会议、联合国粮农组织（FAO）国际植物保护公约（IPPC）2018 年国际
植物检疫处理技术专家组（TPPT）会议（我国首次）、中法标准化合作
委员会第三届合作机制会议等国际标准组织会议。另外，举办了 2018 年
电气和电子工程师协会与深圳市标准技术研究院国际标准化双边交流会并
签署了谅解备忘录；举办了 2018 年中国（深圳）生物特征识别技术和标
准化论坛、2018 深港生物基因标准化论坛、2018 年深港澳标准化研讨会、
国际自动机工程师学会 2018 自动驾驶汽车安全技术国际论坛等一批国际
标准化活动。

近年来，国际标准化组织、国际电工委员会、国际电信联盟、万维网
联盟等国际标准化组织已在深圳召开近 30 场论坛、年会、学术研讨会，
为城市标准建设带来了更多人才流、资金流和信息流，切实降低了中小企
业参与标准活动的成本。

（3）国际标准机构在深圳的集聚效应开始显现

截至 2019 年底，国内外标准组织的工作机构落户深圳累计达 76 家，
其中国际标准化技术委员会（TC）1 个、分技术委员会（SC）2 个、工
作组（WG）8 个，国际标准组织国内技术对口单位 7 个，国际标准化组
织集聚高地初步形成。国际标准机构的集聚，有力提升了深圳在国际标准
领域的影响力和深圳标准化人才的权威性，一批具有国际标准水平的专家
当选国际标准机构重要职位。比如，深圳市标准技术研究院副院长、深圳
国家基因库执行主任徐讯当选为国际标准化组织生物技术委员会（ISO/
TC276）副主席，深圳海关刘荭在世界动物卫生组织（OIE）第 86 届国际
代表大会当选水生动物卫生标准委员会委员，是我国第二位当选水生动物

卫生标准委员会委员的专家。

4. "质量强市"战略支撑高质量发展

推动高质量发展，适应科技新变化和人民新需要，形成优质高效多样化的供给体系，破解发展不平衡不充分的问题，是保持经济持续健康发展的必然要求，是适应我国社会主要矛盾变化，全面建设社会主义现代化国家的必然要求。如何把握高质量发展的本质特征与核心内涵，谋划推动高质量发展的体制机制与行动路径，深圳经济特区始终在探索。

肩负经济特区的使命和担当。2010 年，深圳按照中央要求，在"深

图 3-5　2019 年 12 月 5 日至 6 日，中国质量（深圳）大会成功举行，在国内外产生了强烈反响

圳速度"的基础之上提出"深圳质量"的新理念，部署建设"深圳质量"，打造质量强市。2017年，市委、市政府明确将质量强市战略作为城市发展的长远重大战略，加快发展动力升级和发展模式转型，依托"深圳质量""深圳标准"，主动探索高质量发展的深圳路径。2019年8月，党中央、国务院印发《关于支持深圳建设中国特色社会主义先行示范区的意见》，赋予深圳高质量发展示范先行的历史使命，全市上下开启奋力打造高质量发展的新征程。

（1）以"大质量"思维推进"高质量"发展

2013年，深圳成功获评全国首批"质量强市示范城市"称号；2019年，深圳获评全国首个"标准国际化创新型城市"称号；2019年5月，深圳因质量工作成效突出，获国务院督查激励的通报。

深圳以"大质量"思维推进"高质量"发展的探索，正式起步于2010年10月，在深圳经济特区建立30周年的历史时刻，深圳首次提出要加快实现从深圳速度向深圳质量跨越。

2011年，深圳市政府工作报告提出"把深圳质量作为经济社会发展的新理念、新标杆"。

2013年，深圳市将"质量成就未来"作为城市质量精神；2015年，提出标准、质量、品牌、信誉"四位一体"的建设规划；2016年，提出以"创新驱动发展、质量成就未来"作为新时期的价值追求。

2017年9月召开的全市质量大会上，深圳市委书记王伟中明确提出"牢固树立质量第一的强烈意识，把质量强市战略作为城市发展的长远重大战略"，将质量摆到了新高度。深圳市市长陈如桂在2019年政府工作报告中强调，要持续加强深圳质量、深圳标准、深圳品牌、深圳设计、深圳信誉建设。深圳市委、市政府把 2017、2018、2019 年连续确定为"城市质量提升年"，每年召开"全市质量大会"，为深圳质量建设指明方向。在广东省政府对地级以上市人民政府质量工作考核中，深圳连续三年获评最高等级 A 级。

多年来，深圳坚持用"质量"的标杆衡量各领域的发展成效，用"质量"的内涵谋划各领域的协同发展，质量观念已渗透到经济社会发展的方方面面。首先，内涵不断深化。深圳从发展"三来一补"型经济模式到率先推动产业转型升级，再到建立梯次型现代产业体系的过程，就是对质量内涵认识不断深入、加快推进质量变革的过程。深圳质量的内涵体现了高水平稳定增长和可持续全面发展的综合能力，是新发展理念在深圳的具体实践。

其次，外延持续拓展。从产品、工程、环境、服务等基础质量，到经济、文化、社会、生态、城市建设管理、政府服务等产出质量、发展战略，都顺应了城市现代治理和人民对美好生活的期待。质量的外延从点到线、串线成面，形成了"N+质量"的新格局和高质量融合发展态势。质量已融入社会经济活动的每个过程、每个细节，成为支撑高质量发展的动力系统。

再次，质量理念深入人心。质量深刻体现了科技水平和人文精神，是国家实力的象征，需要数代人持之以恒地专注和坚守。如何涵养质量文化？深圳淬炼出"质量成就未来"的城市质量理想、"高质量创造美好生活"的核心价值理念，它们与开放多元、兼收并蓄的深圳文化相融合，形成精益求精的工匠精神、创新求变的企业家精神、诚实守信的商业精神，在全市营造起"质量第一"的浓厚氛围。

（2）做好顶层设计，建构与高质量发展相适应的制度体系

深圳构建了法治筑基、战略驱动、政策支撑的质量促进制度体系，强化高质量发展的顶层设计。

——奠定高质量发展的法治基础。2017年，深圳率先在全国出台《深圳经济特区质量条例》，以法律形式确立了深圳质量的总要求和方法路径，确定了以经济质量、文化质量、社会质量、生态质量、城市建设管理质量和政府服务质量为目标的"六大质量"部署，明确以"大质量"体系推动"高质量"发展，质量成为经济社会发展的参考标杆。这是国内首部质量促进立法、首部宏观质量管理立法，标志着深圳质量强市建设迈进加速阶段。2019年8月，深圳市人大常委会组织专家对《深圳经济特区质量条例》施行情况进行执法检查，进一步强化了高质量标准对经济社会发展的引领作用。同时，深圳在知识产权保护、食品安全、生态建设、诚信促进等各个方面，陆续出台了一系列经济特区法规和政府规章，共同构成了质量建设的法律体系，在各领域树立起鲜明的高质量导向。

——强化高质量发展的战略规划。2010年11月，深圳发布《关于开展质量强市活动的实施意见》，率先在全国开展质量强市建设。2011年9月，出台《关于创造深圳质量的行动计划的通知》，首次提出实施涉及经济、社会、城市、生态、文化发展和政府服务的"六大质量提升行动"。2011年11月，出台《深圳市质量发展"十二五"规划》，首次将全市质量发展的主题定义为"创造深圳质量、打造质量强市"。出台《关于提升城市发展质量的决定》，提出通过5—8年的努力，初步建成现代化、国际化先进城市。2016年9月，发布《深圳市质量发展"十三五"规划》，提出健全质量发展、保障、服务、支撑、促进的"五个机制"；统筹实施质量、标准、品牌、信誉的"四位一体"工程；推进产品、工程、服务、环

境的"四大基础领域质量提升计划"。2019 年 11 月，市委、市政府印发《关于开展质量标准提升行动推动高质量发展的实施方案（2019—2022年）》，抢抓"双区驱动"重大机遇，滚动实施一批利当前、管长远的质量提升重点项目，推动质量强市一程一程向前迈进。在这一系列政策规划的统领下，全市先后出台加快高新技术产业高质量发展、打造国家知识产权强市推动经济高质量发展、推动教育高质量发展、促进环境质量提升、提升建设工程质量等 20 多项政策文件，形成各方面政策协同配套的质量制度优势。

　　——打出高质量发展的政策"组合拳"。高位推进，多策并举，从产业发展、科技创新等各个方面打造高质量发展强劲引擎。在创新驱动高质量发展方面，从 2017 年开始实施新一轮创新驱动发展战略"十大行动计划"；2018 年颁布实施《深圳经济特区国家自主创新示范区条例》；2019年，市政府 1 号文件推出科技计划管理改革 22 条举措，突出科技体制改革，强化源头创新，打造重大基础设施，健全完善"基础研究 + 技术攻关 + 成果产业化 + 科技金融"的全过程创新生态链，与全球创新网络对接，推动国际科技产业创新中心建设。在率先构建高质量供给体系方面，2018年以来，深圳紧紧围绕转型升级"1+4"等系列政策文件的工作布局，坚持增量优质、存量优化，实施培育未来产业、壮大战略性新兴产业、优化发展现代服务业和推动传统优势产业高端化的一系列政策；推进工业提质增效，实施"技改倍增"计划。深圳全口径工业增加值已突破 9000 亿元，同比增长 9%，连续两年位居全国大中城市第一。在优化营商环境方面，率先在全国启动商事制度改革，出台营商环境改革"20 条"，推出 150 余项"秒批"、300 项"不见面审批"、建设项目审批"深圳 90""深港通 – 注册易""深澳通 – 注册易"等改革举措。2019 年，市场监管部门推出深

.

化营商环境改革 41 条、实施"三十证合一"改革，并率先应用统一地址库商事登记，企业开办便利度连续 3 年排名全省第一；商事主体 322 万户，创业密度全国第一，经济活力持续增强。在知识产权保护方面，与国家知识产权局签署合作框架协议，共建知识产权强国建设高地。在人才优先发展方面，深圳出台实施"81 条"人才新政、"十大人才工程"、人才工作条例等制度，构成人才政策的"四梁八柱"。制定实施留学回国人员创业资助、博士后科研资助、"人才安居"等一系列人才配套措施。多领域一系列措施形成了推动高质量发展的政策"工具箱"。

5. 大幅增强供给端质量领先优势

坚持质量第一，重视高水平经济循环。当前，国内供给结构不适应需求变化的矛盾日益凸显，经济循环不畅问题较为突出。解决这一矛盾，必须坚持供给侧结构性改革这一主攻方向，创造更多更优的产品和服务，实现生产、流通、分配、消费循环畅通。深圳把握质量规律，以提质为核心，创造性提出"标准先行、设计支撑、质量引领、品牌带动、信誉保障"的"五位一体"发展策略，系统化整合供给体系升级所需要素，构建政府、企业、社会、市场共同推进的质量建设大格局。

（1）"质量提升"释放经济潜能

大力提升供给质量和水平。实施工业质量、品牌双提升行动，大力支持企业智能化改造。2018 年以来，先后在工业机器人、无人机、服装、钟表等产业开展产品质量标准国际比对与提升工作。同时，加快新产品、新服务认证工作。截至 2019 年底，35 家深圳企业的 48 个产品通过"深圳标准认证"，80 类食品加贴"圳品"优质标识；完成医疗机构 62 个品种中药制剂质量标准提升工作；率先实现食品从农田到餐桌全链条监管；开办"产品医院"，为中小企业质量问题"问诊治病"，惠及 1075 家企业。2015 年开展国家食品安全示范城市创建试点工作，2019 年通过省级验收，还获得广东省首个装配式建筑示范城市称号。

深圳注重推进各领域质量协同发展。适应社会发展趋势和民生幸福需求，加大补"短板"力度，持续深化"健康深圳""教育深圳质量""品质交通""深圳蓝""治水提质"等行业质量提升专项，大力建设全覆盖、可持续社会保障体系。优质化、均等化基本公共服务体系，多层次、智能化的养老服务体系，如"健康深圳"行动，实现全市重度以上失能失智老年人居家养老服务社区全覆盖；实行最严格的生态环境保护制度，全面消除黑臭水体，PM2.5 年均浓度降至 24 微克／立方米，使城市环境更美好，市民生活更幸福。

（2）以"深圳标准"成就高质量

深圳不仅提出"深圳标准"理念，还坚持标准先行，牵引和倒逼产品、原材料和服务质量提升。在创新方式上，一是将打造"深圳标准"提升到战略高度。深圳在全国率先制定实施标准化战略，2017 年颁布的《深圳经济特区质量条例》专章对深圳标准作出具体规定，引导全社会以高标准促进高质量。2018 年，又升级实施"标准 +"战略，把标准列入城市治理和公共服务的重要手段。二是对照国际先进水平构建深圳标准体系。2019 年，深圳重点企事业单位参与国际（含国外先进标准）、国家和行业标准修订 708 项，累计达 6813 项。235 家深圳企业登上全国企业标准排行榜，占全国上榜企业数的 7.17%。深圳还在社会管理和公共服务重点领域制定发布了一批达到国内领先、国际先进水平的地方标准和团体标准。如 2019 年，发布了《多功能智能杆系统设计与工程建设规范》等 33 项创新性地方标准。三是加快标准优势的转化。坚持市场在标准化资源配置中的决定作用，全市参与联盟、团体标准制定的社会组织近百家，累计发布联盟、团体标准达 696 项。如市安防产业标准联盟、中医药企业标准联盟等发布的多项标准填补了相关领域的空白。

（3）"深圳设计"助推产业高端化

2018 年，深圳工业设计企业产值 100 亿元，同比增长 20.48%，占据我国工业设计总产值的半壁江山。工业设计的发展，对深圳产业经济的转型升级具有重要意义。

加大政策扶持。深圳多层次全方位推进工业设计发展，针对行业具体情况出台了切实可行的行政法规和产业政策；还成立了国内首个工业设计知识产权促进会，建立了世界领先的数字设计作品备案系统，孵化具有设计基因的新一代制造产业和产品。

广聚优质资源。从"创意十二月"到"深圳设计周"，从引入设计人才到建设设计产业园，"深圳设计"立足深圳、走向世界。深圳大力推动工业设计中心建设，全市已累计建成国家级设计中心 7 家，省级设计中心 57 家，市级工业设计中心 83 家。涌现出洛可可、浪尖、飞亚达、创维等设计规模业内领先、在全国颇具影响力的工业设计企业及企业设计中心，形成一批高质量的工业设计产业集聚园区。2012 年以来，深圳获 iF 和红点设计奖的数量连续 7 年位居我国内地大中城市首位，有力支撑了相关产业向时尚化、高端化、国际化发展。

（4）壮大"深圳品牌"队伍

截至 2020 年 6 月底，全市有效注册商标总量 132.3 万件，位居全国城市第三；7 家深圳企业上榜"世界 500 强"，6 家企业进入品牌和金融（Brand Finance）公布的"全球品牌价值 500 强"。深圳将品牌建设作为供给侧结构性改革的着力点，强化自主品牌的创造、保护和应用。

首先，优化发展环境。市委六届九次全会把深圳品牌战略放入全市"九大战略任务"之中，着力打造产品、企业、产业、区域品牌"四级梯队"。深圳已有高交会、文博会、时装周、光博会、礼品展、家具展等 10 余个具有国际影响力的品牌展会；建立了全国首个品牌建设公共平台——深圳市品牌建设促进中心；行业协会每年组织企业参加国内超过 60 场的重点展会，全市已形成"政府重视品牌、企业追求品牌、社会关注品牌"的良好氛围。

其次，引导集聚发展。实施"一区一品"的品牌策略，建成罗湖黄金珠宝、南山移动电话、龙岗时尚眼镜、龙华时尚服饰产业 4 个"全国知名品牌示范区"，以及深圳内衣、女装、钟表和黄金珠宝产业 4 个产业集群区域品牌。同时，坪山区"新能源汽车"和光明区"钟表产业"、宝安区"工业机器人产业"正在加快创建商标品牌示范基地。

再次，加强能力建设。本土品牌技术机构组织深入参与国内外品牌标准化建设工作，提出国际标准提案 2 项，参与国家、地方标准 20 余项。2019 年，深圳发布《品牌培育指南》《品牌管理体系、要求及实施》《品牌价值评价》3 项地方标准。

（5）"信用深圳"成为深圳质量的鲜明特质

深圳将信用体系建设作为提升质量信誉的重要抓手，信用体系建设蹄疾步稳，具有三大亮点：

第一大亮点是信息化做引领。深圳已建成全市统一的公共信用信息管理系统"深圳信用网"，以及基于法人库、房屋库、人口库等的基础库，涉及企业、社会组织、事业单位及个人的四大信用信息数据库，归集了480多万商事主体信息6.5亿项，以及1859万实际管理人口13.2亿条数据。查询途径多达10余种，并嵌入"微信""支付宝""银联钱包"等枢纽平台，移动端"深信App"可一键查询全市商事主体信息。

第二大亮点是法制化打基础。2017年7月，深圳发布首部信用法规《深圳市公共信用信息管理办法》；目前，正加快《信用促进条例》在经济特区立法。2019年，发布《电子商务经营者第三方信用评价与应用暂行办法》，探索电子商务信用建设。此外，在采购信用、房产中介信用、食品黑名单、电商信用评价等多项工作上首开国内城市法制管理先河。

第三大亮点是实效性为方向。大力培育信用服务市场，持续涌现前海金控、微众等品牌信用机构，个性化信用产品和增值创新服务不断涌现。深圳商事主体信用监管领先全国，信用风险预警应用于商事登记、行政监管等多个方面，信用数据归集范围扩大到78个单位1.02亿条，累计实施联合激励措施737次。全市236家行业协会、商会自觉制定推行行业诚信公约；企业信用信息信贷风险预警系统对接全市各银行和30多家非银行金融机构；企业信用报告成为深圳范围内招投标、评优表彰、积分入户、银行贷款等需求的必查信息。

6. 三管齐下提升高质量发展内生能力

深圳瞄准引领新时代的高质量发展高地，从质量技术基础、运行管理体系和社会环境生态三方面入手，积极构建内外部质量发展生态。具体做法是：着力从打造布局领先、功能强大的质量基础设施上建立支撑系统；从打造目标量化、过程可控的评价监测体系上建立导向系统；从打造资源互补、作用协同的社会合作网络上建立保障系统。通过形成一个良性运作、自我优化的工作体系，促进质量提升与高质量发展循环上升，努力为全国创造更多高质量发展的"深圳经验"。

第一大举措是建设一流质量基础设施，奠定高质量发展的底层技术基础。

计量、标准、检验检测、认证认可是国际公认的国家质量基础设施（NQI），为科技产业进步和国际贸易形成强大支撑。深圳前瞻布局，建设质量基础设施并取得重大进展。

一是在全国率先规划质量基础设施建设。2018 年，出台《深圳市质量基础设施建设发展规划（2018—2020）》，布局建设 42 个质量基础设施重点工程，当年投资 5.9 亿元，全面提升支撑高技术产业发展的能力。创新建立政府投资和社会投资风险共担、利益共享机制，对质量公共服务平台给予最高 3000 万元的资助。推动光明、南山、罗湖等区开展质量基础设施集聚区建设。二是建设一批高端平台载体。2019 年 4 月，深圳与国家市场监督管理总局签约共建"中国计量院技术创新研究院"；不但抢抓国际单位制量子化机遇，还推动共建大湾区质量检测共享平台，在深圳大学建立华南地区首个质量智库"中国质量经济发展研究院"。另外，全国唯一国家级核电运营产业计量测试中心启动建设，成立全国首家药物警戒和风险管理研究院，数字电子、车联网产品等国检中心和一批质量基础设施集聚区都在加快建设。三是增强质量技术服务能力。落户深圳的国家级计量与质量检测服务平台 8 个，通过 CMA 资质认定机构 578 家，瑞士通用公正行（SGS）、德国技术监督协会（TÜV）、英国标准协会（BSI）等国际知名检测认证机构均在深圳设有分支机构。全市企业拥有产品、服务、管理体系认证有效证书 10.3 万张，在全国大中型城市中排名第一，基本形成"一次检测、全球通行"的检测认证服务体系。四是加快协同应用落地。华为、中兴、华大基因等公司拥有质量基础集成应用"企业方案"，市检测院"一站式"服务平台还成功为京东、阿里巴巴等电商提供了"计量—标准—检验检测—认证"整体解决方案。2020 年 3 月，深圳已完成国家"质量基础设施服务模式试点"项目验收，形成质量基础设施对企业质量提升的典型范例。

第二大举措是引入量化评价，探索高质量发展的评价和分类引导机制。

为准确评价深圳质量建设进展，深圳在国内较早开展质量导向考核评价体系建设。在经济、文化、城市、生态、民生五大方面设置了 51 项深圳质量状况考核指标，每年以客观量化的指标数据为基础，对各区各部门开展绩效考核。2019 年，进一步优化高质量发展的绩效评估指标体系，在综合效益、创新发展、协调发展、绿色发展、开放发展、共享发展、公共服务、社会管理、自身建设九个方面设置了 46 项核心指标。

持续开展深圳质量指数测评。2014 年，深圳首创深圳质量指数，既对全市经济、文化、社会、生态、城市建设管理和政府服务六大领域发展状况进行客观测算，又对产品、工程、环境、公共交通、教育、金融等 13 个行业质量水平进行定量评估，为政府决策提供依据。2019 年，深圳质量指数测评结果为 88.82 分，其中经济质量指数、政府服务质量指数分别达到 91.37 分和 90.41 分的优秀水平，迈入高质量发展阶段；文化、社会、生态、城市建设管理、政府服务质量均处于 83—89 分的良好区间。其中，经济质量指数 91.37 分进入优秀区间。2019 年 6 月，中国社会科学院发布 2018 年中国城市竞争力报告，从综合竞争力、宜居竞争力与可持续竞争力角度分别对国内城市进行了排名，深圳名列综合竞争力榜首。

第三大举措是强化社会共治，构建多元化质量发展社会协作网络。

着力打造政府、企业、协会、专业机构和社会"五方"共建格局，形成主体多元化、服务专业化、运作联盟化、发展生态化的良好质量生态。

——广聚资源共建质量生态。从 2011 年起，深圳就与国家质量监督检验检疫总局签订合作备忘录，共同打造质量强市，并分别于 2012 年和 2015 年承办全国中小学质量教育基地现场会、全国质量强市示范市创建工作现场会，向全国输出深圳经验。2019 年 12 月 5 日至 6 日，中国质量（深圳）大会成功举办，全球 51 个国家和有关组织的 1020 名代表参会。大会向全球发布了《深圳质量宣言》，在更大范围凝聚起推动质量发展的力量。在深圳，"质量"意识已渗透到社会各个方面，成为各类主体的行动指南。

图 3-6　深圳大力推进群众性质量管理活动，累计举办 32 届"质量管理小组（QCC）优秀成果选拔赛"

——发展质量专业服务体系。广泛建立起第三方合作网络和技术支援体系，如建成中国质量经济发展研究院、深圳市标准技术研究院、南方知识产权运营中心，以及对标国际的品牌孵化实验室等。一大批非政府组织积极参与到质量建设中来。截至 2019 年 6 月，社会组织已累计举办"质量大讲堂" 46 期、"深圳知名品牌"培育评价 16 届、"企业品牌故事大赛" 3 届、"商品和服务比较试验发布" 83 期。其中，仅质量管理小组（QCC）优秀成果选拔活动每年就可以创造经济效益近 15 亿元。另外，遍布全市商业流通骨干企业的 1565 家消费者权益服务站织就了广泛的消费维权网络。

——培育一流质量人才。将企业首席质量官纳入全市高层次人才政策，逐步打造出一支包括国家注册体系审核员 1100 人、企业首席质量官 2230 人、质量工程师 3890 人、卓越绩效评审员 969 人、质量管理诊断师 3561 人等逾万人的专业质量人才队伍。

7. 质量激励制度成为牵引企业质量变革的重要引擎

年销售额突破 140 亿元的兆驰股份荣获 2019 年度"深圳市市长质量奖"。兆驰股份董事长顾伟说："在'利润已经比刀片还薄'的当下，制造业没有捷径可走，最后就是比技术、拼管理。市长质量奖只是一个新的起点，我们将不忘初心、牢记使命，坚定走好'创新领先、智造高效、品质卓越'的实业报国之路，为中国制造转型升级、持续进化做出更大贡献。"

"高质量"时代是经济社会全面协调发展的时代，是国家因质量而强、城市因质量而兴、企业因质量而胜的时代。从世界范围看，各大经济体的腾飞无不与对质量的高度重视紧密相连。譬如日本设立了"日本戴明奖"，美国设立了"波多里奇国家质量奖"，欧洲设立了"欧洲质量管理基金会卓越奖"等奖项，都为相关经济体的蓬勃发展注入了强劲动能。"深圳市市长质量奖"的设立也为深圳全方位高质量发展插上了双翼。

"深圳市市长质量奖"设立于 2004 年，是全国首个地方政府质量奖，也是奖励力度最大的质量奖项，为深圳最高荣誉。在全国同类奖项中，"深圳市市长质量奖"的评奖范围较宽，涵盖工商企业、非营利组织和公共服务组织，并形成了评价、质量人才培养、企业培育、先进质量管理方法、研究推广等多方面评审体系。

多年来，"深圳市市长质量奖"始终坚守"引领全社会创造高质量"的宗旨，在市委、市政府的高度重视下，这项覆盖全社会的质量提升计划获得全社会的高度肯定，全市参与单位逾 4000 家次，累计 98 家单位获得市长质量奖，并产生了 5 家中国质量奖、10 家广东省政府质量奖。该奖项借鉴国际前沿质量理念，评价重点早已超越了产品、服务质量，采用创新

图 3-7　2019 年 9 月 17 日，以"新时代、高质量、新作为"为主题的
首届中国企业首席质量官（深圳）论坛顺利举行

特色鲜明的评价标准，评审程序科学严密，评审专家覆盖政企学研各界，使评奖达到很高水准。这一至高荣誉对企业来说，是一个大大的"金字招牌"。因此，"崇尚质量、追求卓越"成为深圳企业推崇的价值理念，质量创新在各行各业蔚然成风。

2019 年，深圳对实施了 15 年的市长质量奖制度再改革再创新。一是实现从"单一奖项到分类设奖、从面向组织到增设项目、从企业为主到全面覆盖"的重大转变，增设经济、文化、社会、生态、城市管理和政府服务六类奖项，促进全面质量提升、全程质量供给。二是以标准创新构建高质量评审体系，设定"高标准定位、高质量运营、高绩效结果"的"三高"评价模型，引导各行各业打造高质量发展模式。三是以机制优化拓展社会参与广度，新增"社会评价"环节，新一届评奖中公众投票超 200 万张。聘请各行各业学术带头人、领军专家担任召集人，创新实施"专家主审制"，极大提高了评奖专业水准和行业号召力。四是重视可复制、可推广的经营模式，带动行业"对标赶超"和整体提升。这些极具针对性的改革措施，让市长质量奖更加熠熠生辉。

新制度实施后成效明显。全市 20 个单位（项目）分别获得 2019 年经济类、文化类、社会类、生态类、管理类、服务类的金、银、铜奖，从工商企业到医疗教育、文创、市政建设、公共服务机构，涌现出一大批高质量发展"最佳实践"。市长质量奖工作推动了深圳质量工作的历史性变革，为各类组织提供了一种卓越导向、创新驱动、均衡发展的质量发展模型，尤其在助推民生质量升级，为城市治理全方位补短板方面，让城市因质量的发展而更加精彩。

"质量成就未来"代表深圳的城市质量，也是市长质量奖的不懈追求。深圳市市场监督管理局党组书记、局长李忠表示，深圳要牢牢把握先行示范的使命担当，永攀质量高峰，努力在高质量发展实践上贡献更多"深圳经验""深圳方案"。

【案例链接 1】

<h1 style="text-align:center">香港大学深圳医院：
"绿色医疗"模式获评深圳市市长质量奖 ①</h1>

香港大学深圳医院（以下简称"港大深圳医院"）获评 2019 年度深圳市市长质量奖（社会类）金奖。该医院作为深圳医疗机构的"领头羊"，建立了中国特色的"绿色医疗"运营管理体系，为行业提供更多可复制、可推广的经验样本，为深圳市乃至全省、全国提供更多高质量发展的"最佳示范"。

港大深圳医院是由深圳市政府全额投资，引进香港大学现代化管理模式的大型综合性公立医院，既是香港大学附属医院，也是深圳市公立医院改革试点单位。自 2012 年运营以来，医院在推动"办医、管医、行医、就医"全面高质量发展上先行先试，形成了独具特色的"绿色医疗"模式。

港大深圳医院于 2015 年 9 月通过澳大利亚医疗服务标准委员会（ACHS）全机构认证；2017 年 11 月，正式成为国家三级甲等综合医院；2018 年 6 月，成为最年轻的广东省首批高水平医院建设单位。作为粤港澳大湾区医疗融合的排头兵，港大深圳医院正以"建湾区高地，登国际巅峰"为目标，全力打造"医、教、研、管"四个国际化发展中心。

---

① 本文选自由深圳市市长质量奖评委会秘书处主编的《深圳市市长质量奖获奖案例》。个别内容有删减。

对标国际化的绿色医改先锋

站在深圳这片改革创新热土上，港大深圳医院被赋予公立医院机制体制改革重任。通过治理结构、诊疗模式、收费模式、用人机制等方面的创新改革，缓解市民看病难、看病贵、医患关系紧张等问题，既推动

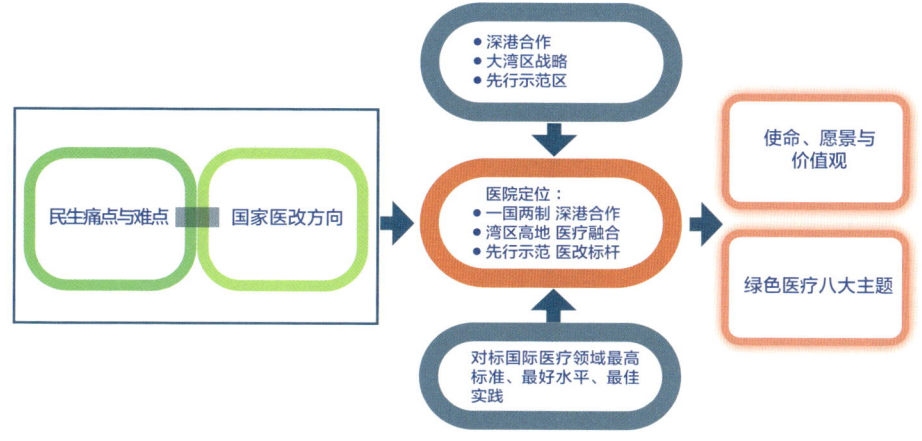

图 3-8　港大深圳医院高标准定位系统图

"十三五规划"的绿色发展新理念，引领国内医疗改革发展方向，又发挥医改先锋作用。

通过对标"医、教、研、管"四个国际化发展中心，确定"建湾区高地、登国际巅峰"目标，并结合美国科学与健康委员会（ACSH）认证体系，制订对标行业标杆的管理方案及实施计划。开创公平、透明、高效的公立医院服务模式，建立公平、公益兼顾质量、效益的绿色医院文化，树立"卓越、创新、信任、关爱"的价值观。

建立"绿色医疗"高质量运营管理体系

港大深圳医院在医院管理体制、运行机制等方面做出"一院两制"的大胆探索，将香港医疗服务体系（NHS）下的公立医院管理制度与内地的医院管理制度高度融合，在"办医、管医、行医、就医"等领域先行先试，全力推行"绿色医疗"改革，推进以质量变革为动力的管理、运营和服务创新，持续增强内生动力。

率先在全国推行"三权分立"的法人治理结构。实行董事会领导下的院长负责制，医院拥有经营管理自主权。董事会是医院最高决策机构，医院管理团队负责运营管理，监事会负责监督工作。医院另设 12 个专责委员会，专业化、精细化地辅助管理团队进行日常决策和管理。

建立独具特色的医疗运营流程。全国首创"先全科后专科"、全科门诊打包收费、门诊全预约、取消门诊输液和严控抗生素使用、医疗暴力零容忍等处置模式，在门诊、住院、体检服务、医疗质量与安全等方面建立独具特色的运营流程。

创新医疗服务设计与供给。率先设立病人关系科、廉政科，首次提出"十大家规"与"病人约章"，建立暴力零容忍和公开披露的医患沟通机制。首创单学科团队诊疗、循证医疗、小儿放疗等"冷门"医疗服务；引入深圳首个按国际化管理模式的公益性社区门诊部、华为门诊；与香港赛马会合作推动粤港澳大湾区医养融合，提供在深居住香港老人 24 小时平安服务；开展国际商业保险合作，2019 年 5 月与安盛保险（AXA）签约，更好满足患者的高端医疗服务需求。

优化运营管理并形成闭环。结合国际和国内的资质评审要求，对标香港玛丽医院的运营模式，运用平衡计分卡确立医院的四大目标，通过分工表将目标进行层层分解，开展系统性评估与监测。

推行精细化管理，灵活运用持续质量改进、风险管理、根源分析法等质量管理工具，不断完善医院的医疗质量管理体系，形成闭环。率先在国内建立安全（不良）事件上报系统，对接香港医院管理局，创国家标准和深圳标准。

形成可复制的创新模式和最佳实践

港大深圳医院聚焦行业难点、痛点，以国家医改方向为指引，以患者需求为导向，以高质量发展为引领，深化综合改革，初步建立了现代化的管理体制和国际化的运行机制，产生了良好的经济效益和社会效益，形成了一批可复制、可推广的创新模式和最佳实践，运营结果对标国内领先水平。

一是运行机制对标国内领先。2018 年，医院财政补助收入占总收入的 12.9%，低于全市公立医院平均水平（32.47%）。医护比为 1：2.1，高于全国平均水平，人力资源结构有效优化。

二是运营管理对标国内领先。2018 年，单人平均住院日 6.6 天（全国平均 8.9 天），药品收入占比 19.8%（全国平均 32.2%），医疗服务收入（不含药品、耗材、检查、化验收入）占比 38%（全国平均 28.9%），医院管理费用占业务支出的 7.2%（全国平均 10.8%），百元医疗收入消耗的卫生材料为 17.6 元（比全国平均水平低 10.4 元），护理人员与床位比 0.89（国家要求 ≥ 0.4），境外在院执业医师 236 人，门诊患者预约诊疗率 100%。近年来，医院主要运行指标与全国平均水平和深圳市其他公立医院相比均有明显优势。

三是医疗质量安全对标国内领先。医院肝癌精准手术术后 2 年及 5 年的死亡人数为 0，处于国际领先水平。2018 年，门诊抗菌药物使用率 4.97%

（国家要求 ≤ 20%），住院抗菌药物使用率 38.57%（国家要求 ≤ 60%），剖宫产率 27.65%（全国平均 46.5%），孕产妇死亡率 0%。

四是高质量发展内生动力对标国内领先。2018 年，人员支出占业务支出比例 53%（全国平均 37%），医生人均年收入 54 万元，是深圳市在岗职工年平均工资的 4.8 倍。医院实行固定薪酬为主的分配模式，基本工资支出约占人员工资、福利支出的 46.0%，固定薪酬比例超过 70%，绩效工资仅占 18.8%，远低于传统公立医院水平。

五是社会效益对标国内领先。60% 以上学科带头人在国际协会任职，其中约 25% 任副主席及以上职位。2018 年 6 月至今，已举办 35 场高水平国际学术会议。近年来，医院陆续获得"亚洲医院管理奖：卓越护理奖""年度人文建设品牌医院"等国内外重要奖项，接待海内外嘉宾、同行交流 1083 批次，超过 1.5 万人次。

六是医疗费用控制和患者满意度行业内领先。医院平均每诊疗人次费用指标处于市属综合性公立医院的低位；平均住院费用指标显著低于其他传统公立医院。2018 年，医院门诊、急诊次均费用较同级市属综合医院低14%，为患者节省医疗费用约 1.2 亿元；住院病人次均费用较同级市属综合医院低 32%，为患者节省医疗费用约 3.6 亿元。

创新示范产生良好效应模式。"绿色医改"创新示范，实行所有权与经营权分离的"管办分开"模式。该模式在后续运行的新建市属公立医院中全面推行。作为深圳首家实行去编制化的公立医院，遵循自主设岗、自主定薪的"员额管理"模式。该模式也在后续运行的新建市属公立医院中全面推行。行医方面，在全国首创门诊全预约、先全科后专科、打包收费、取消门诊输液、推行"绿色手术"等服务。2016 年 10 月，广东卫生和计划生育委员会发文，要求全省二级以上医院逐步取消门诊输液。就医方面，以病人为中心，实行门诊就诊方便化、检查治疗集中化、病人服务区域化、信息利用自助化、门诊管理精细化，连续多年在市属公立医院满意度调查中排名第一。

融合国际和国家标准，严控抗菌药物使用。率先在全国推行职业安全与健康管理等，创新不良事件管理，协助国家卫生健康医管中心制定国标。医院公益慈善事业在国内开创先河，开展小儿放疗、临终关怀等"冷门"医疗服务。还自主研发智能护理风险防控系统，保证风险评估、预警和防控的及时性和准确性，真正落实床旁风险防护。遵循绿色医疗建筑和"海绵城市"建筑环境要求，荣获"中国最美医院"等奖项。

区域合作方面，牵头成立"大湾区鼻咽癌防治与康复联盟"，举办第一届粤港澳大湾区肝癌精准治疗高峰论坛，发起组建"粤港澳大湾区绿色医院联盟"。作为内地唯一使用香港长者医疗券指定服务医院，截至 2019 年 11 月，已为 1.8 万人次跨境长者提供深港异地结算的医疗服务。

创新"绿色手术"降低治疗费用

张女士因为肺癌在港大深圳医院做了单孔微创肺叶切除手术，出院结账时的全部费用仅 2.1 万元，而她之前在多家医院咨询后的费用是 8 万—10 万元。张女士和家人都很意外：怎么这么便宜？胸外科庞大志医生团队给出答案：最主要的原因是不使用一次性高值耗材，以创新医疗技术作为最佳替代方案。

"不会帮患者算账的医生不是好医生。"庞医生在工作中经常需要开展肺癌微创手术，常用的切割缝合器虽然方便但价格很贵，患者经济负担较重。他帮患者算了一笔账：一台手术通常需要一个切割缝合器和 6 个配套钉，仅此块费用就需要 2 万—4 万元。如果不选择此类高值耗材，患者的医疗费即可大大降低。

那么，用什么方法可以替代切割缝合器，又不影响手术效果呢？

庞医生团队经过潜心探索，运用廉价的推结器，将传统的结扎和缝合的方法应用到腔镜手术中，完成全国首例完全不使用高值耗材的全胸腔镜肺叶切除术，患者手术费用下降七成。"对于外科医生而言，我们的探索只是提出了一种可供选择的方案，而对于很多贫困患者来说，则是多了一条挽救生命的希望之路。技术其实并不难，只要常怀悲悯之心。"

如今，医院80%的胸腔镜切除手术不使用一次性高值耗材，费用低至1.92万元，不到全国平均水平的1/3，效果非常明显。临床研究显示，即便与国内最著名的医疗中心相比，手术质量、技术指标也无显著差别。

创新这个核心价值观，深植于医院文化基因中。港大深圳医院聚焦"看病贵"难题，率先在全国提出以"安全、疗效、微创、低耗、创新"为核心的现代医院"绿色手术"理念，形成创新方案路径，未来将继续扩大推广和应用。目前，"绿色手术"成效获得国家卫生健康委员会的高度关注，派调研组到院考察，并邀请庞大志医生前往北京参加绿色医疗体系建设国际研讨会，推广创新成果，传播示范效应。

构建医患互信的良好关系

长期以来，内地医疗暴力事件时有发生，破坏正常的就医秩序。医院在建院之初，即对医闹、医暴说"不"，成为全国第一家向社会宣告"暴力零容忍"的公立医院："若出现暴力行为，医院一律会报警处理。"

根据暴力程度，港大深圳医院曾经的"闹事者"，有的被刑事拘留，有的被责令书面道歉，无一例闹事后可不了了之。港大深圳医院曾被多家媒体和医院称赞为史上最牛"反医暴"医院。

只有零容忍，才可能有零暴力。医院对医疗暴力零容忍，不仅有鲜明的态度，更有具体的"攻略"。除优化流程、加强宣教、增强监控、加强保安等常规措施外，还与公安部门全面合作，在医院门诊一楼设置辖区派出所警务室，并在全国率先成立防医暴危机应对小组，制定医院工作场所暴力处置流程。

医院认为，避免纠纷和暴力归根结底是要构建"医患互信"的心理基础。在全国首创病人关系科，持续改善医疗服务质量；制定"十大家规"，提升医务人员道德操守和专业规范水平；购买医疗责任险，保障患者和医院双方的合法权益；制定《病人约章》，阐明病人的权利和义务。

由于医院坚决反暴案例社会反响热烈，深圳警方对于医闹、医暴的重视程度远高于全国平均水平，深圳市更是率先立法。2017 年 1 月 1 日起实施的《深圳经济特区医疗条例》明确规定，对医闹可以按照《治安管理处罚法》相关规定进行拘留，为全市所有医院构建安全就医秩序提供法治保障。

近年来，该院病人投诉率持续下降，从 2013 年的 0.24% 下降至 2018 年的 0.06%。2018 年，病人关系科荣获国家卫生健康委员会颁发的"全国优质服务示范科室"。也带动其他医疗机构逐步呈现绿色、文明、互信、和谐的就医环境。

值得关注的是，港大深圳医院是深圳市唯一同时提供舒缓治疗、小儿放疗和皮肤科病房的公立医院。其中任何一项服务，对于任何一家公立医院来说都经济效益甚微，甚至亏本，更何况是同时开展。以小儿放疗为例，因需要做人体位置固定，需要投入更多的人力、物力，耗时长，收费远低于放射治疗成本。2012 年以前，深圳市没有医院提供儿童放疗相关医疗服务，患儿需要辗转于广州，无形中加重患儿家庭的经济负担。该院以患者需求为首要标准，提供高质素的全方位照护，践行"有温度"的绿色价值观。

医院已建成具有国际先进理念的多学科合作的肿瘤综合治疗中心。作为从香港大学引进的六大卓越医疗中心之一，将国际化的肿瘤诊疗指引与国内实践相结合，逐步建立起整套安全的放疗与化疗流程，为患者提供全面综合的治疗服务，涵盖与肿瘤诊疗相关所有学科。

港大深圳医院因充分履行社会责任，践行"以人为本、患者至上"的文化理念，赢得社会各界高度认可，不但获得社会捐赠超一亿元，还获得"爱心人文医院""人文建设品牌医院"等荣誉。

未来，港大深圳医院不仅是"国内一流、国际知名"，更将成为国际顶尖教学医院和医学院，为国家培养更多的医疗人才。

【案例链接 2 】

格林美：探索建立循环经济标准化发展模式

2003 年，深圳市格林美高新技术股份有限公司（以下简称"格林美"）率先在国内提出"开采城市矿山"的思想，以及"资源有限、循环无限"的产业理念，积极探索中国"城市矿山"的开采模式，建立了废电池、电子废物、报废汽车与稀土资源回收利用的核心技术。目前，已形成覆盖珠三角地区和中部地区的再生资源回收、循环利用和研究开发的产业体系。

2015 年起，格林美积极创建城市矿产资源化、循环经济标准化的试点工作，通过建立城市矿产资源的回收、运输、储存、再利用、资源化处理及不可回收材料处置的全产业链条的标准化体系，不但达到节能降耗，提高资源综合利用率的目的，还改变了"大量生产、大量消费、大量废弃"的传统增长方式，探索出新消费模式。

三年探索只为标准

格林美制订了详尽的 3 年阶段性计划表，详尽调研城市矿产标准化情况，再从完善试点单位内部标准化制度着手，逐步搭建标准化信息平台，向同行业提供服务，最后加大力度创建行业、国家标准，使相关循环经济指标达到目标值。

为创建试点，格林美成立试点工作领导小组，为管理和组织后续工作

图 3-9　格林美废物回收车间（一）

提供保障，还通过实施定期检查，建立标准信息共享平台，强化宣传教育和人才培养，建立循环经济统计评价制度，严格专项资金管理，为创建试点工作提供完善的体制保证。

试点方案实施期间，格林美还借鉴国内外循环经济标准化的先进经验和成功做法，根据企业在循环经济标准化发展过程中涉及的不同领域，探索建立了 3 种循环经济标准化发展模式。如"星火燎原"模式联动公司内外，参与标准修订，全面收集所有可能产生标准化需求与想法的思路；"XYZ"（"需求—要求—执行"）模式联动标准贯彻落实中的各单位，形成格林美报废汽车回收利用及零部件再造标准体系；奖惩结合的"创新驱动"模式能激发出参与标准化建设的单位与个人的工作热情。

标准化建设，实现"双收益"

3 年创建期内，格林美创造了开采"城市矿山"的绿色发展商业模式，突破了废物再生的关键技术，制定了 160 余项国家与行业标准。新申请专利 630 余项，建立了我国废电池、电子废物、报废汽车与稀土资源回收利用的核心技术体系。2018 年 5 月 18 日，格林美标准化试点项目顺利通过专家组验收，完成标准化试点创建工作。

2015 年至 2017 年底，电池回收、电子废弃物及循环再造业务板块实现业绩稳步增长，具有良好的经济效益。公司营业收入从 51.17 亿元增长到 105.23 亿元，公司净利润从 1.54 亿元增长到 7.93 亿元。

2015 年，公司处理废弃电池、钴镍废料、废弃电器电子产品类、废五金、报废汽车、废塑料等城市矿产资源共 200 余万吨。2016 年，公司处理城市矿产资源达 300 万吨，间接减少森林砍伐 1850 公顷，节约标准煤 284 万吨，节约石油 1383 万桶，减少水污染 1166 亿吨，减少 CO_2 排放 750 万吨。

2016 年初，公司建立企业循环经济标准化信息平台，结合公司网站及时发布循环经济标准化工作信息，进行资源共享，通过组织开展资源再生利用和再制造技术标准、产品标准、管理标准、检测标准、行业准入条件、产品标识、技术名录、认证等相关工作，推动建立并完善"城市矿产"标准体系。

在创建标准化试点期间，公司获得国家部委、省市地方政府、行业协会荣誉奖项 14 项；参与制定的行业标准《粗制氢氧化钴化学分析方法（1—4 部分）》获得全国有色金属标准化技术委员会技术标准一等奖；公司还被国家知识产权局评定为国家知识产权示范企业。

标准建设，是一种情怀

目前，公司已经建有一个固体废物处置中心、一个废渣利用中心、一个污水处理厂和一个江河治理公司，初步形成从资源

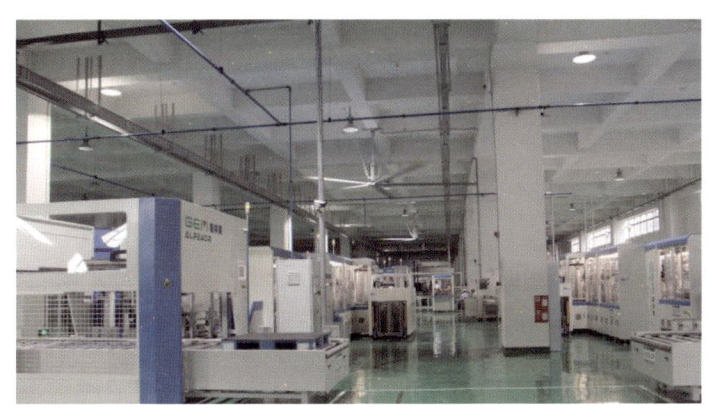

图 3-10 格林美废物回收车间（二）

图 3-11 格林美废物回收车间（三）

回收、危险废物无害化到最终处置的全产业链。已建立扬州杰嘉固体废物处理中心、湖北荆门绿源废渣废泥处理中心，正在建设郴州固体废物处理中心，危险废物填埋库总容量将超过 450 万立方米，具备 35 类危险废弃物处置能力，覆盖综合利用、无害化处理与安全填埋的完整处理流程。

此外，格林美还利用公司官网、微信公众号、公司社会责任报告、园区博物馆展示等多种活动方式，进行标准化宣传推广。公司建设了向社会各界开放的国家先进循环经济教育示范基地，各大产业园均建设了城市矿山博物馆、厂区参观通道等循环经济教育基础设施。

2015 年，公司接受学校、政府部门、外国友人以及相关企业代表等多形式的访问，全年参观人数达 18790 人次；2016 年的参观人数达 28507 人次；2017 年的参观人数达 35682 人次。此外，公司还面向企业开放，并积极组织行业内相关企业进行更加深入的技术交流，将格林美先进的循环经济技术广泛推广，共同推进我国循环经济技术的水平。

通过对废旧电池、废旧五金电器、报废汽车等进行城市矿产资源回收利用，完善城市矿产资源在回收、储存、运输、处理等阶段的标准化体系建设，确定单位产品综合能耗、单位产品取水量、废气排放达标率、单位产品 SO_2 排放量、单位产品 CO_2 排放量、固废综合利用率等环保指标，推动试点单位树立减量化、再利用、资源化、无害化的循环经济理念，坚持优先减量，从源头上减少生产、流通、消费各环节资源消耗和废弃物产生，大力推进再利用和资源化，促进资源永续利用。[①]

---

① 选自《深圳标准故事——标准国际化创新型城市示范创建系列》，深圳标准工作领导小组办公室主编。原文标题为《格林美："废弃"标准高效开采城市"矿山"》。

第四章

完善创新载体的支撑体系

深圳先行示范丛书

SHENZHEN

XIANXING

SHIFAN

CONGSHU

　　国家支持深圳建设中国特色社会主义先行示范区，明确了深圳强化产学研深度融合的创新优势，支持以深圳为主阵地建设综合性国家科学中心，在粤港澳大湾区国际科技创新中心建设中发挥关键作用。"支持深圳建设 5G、人工智能、网络空间科学与技术、生命信息与生物医药实验室等重大创新载体，探索建设国际科技信息中心和全新机制的医学科学院。"

　　作为全链条创新体系的重要组成部分，创新载体是智力资源交流和活动的依托，它的软硬件以及运行水平直接关系到创新活动的效率以及创新资源集聚的质量。深圳十分重视创新载体的建设，用近十年时间建成一套支撑创新载体的政策体系，这些创新载体不仅凝聚成互联互通的科技资源共享平台，而且成为深圳开展核心关键技术攻关的桥头堡。

1. 创新载体大幅增加

　　1996 年，深圳启动了创新载体的建设工作，当年共计建设 5 家创新载体。2010 年以前，每年新增的创新载体数量较少。2010 年以后，深圳市创新载体建设明显提速，每年新增一两百家创新载体，2013 年和 2016 年就新增 200 余家。这些创新载体的大力建设，不仅满足了战略新兴产业、未来产业的发展需求，还有力支撑了我市企业自主创新能力的发展。

目前，深圳创新载体体系已初步实现"国家级—省级—市级"多层次、全面、立体覆盖。在各层次创新载体中，市级创新载体是全市创新载体体量最大的主体和支柱。深圳的创新载体体系还构成"重点实验室—工程中心—技术中心—工程实验室—公共技术服务平台"等交错互联、协同共享的网络化布局。其中，重点实验室、工程中心和工程实验室数量和规模相近。从产业领域的视角看，生物生命、电子、新材料、信息、先进制造等领域的各类载体建设较为齐全，较好地满足了产业发展的需求。

2. 完善创新载体支撑政策体系

为支持创新载体高质量、高速度地建设发展，深圳市出台了一系列政策性文件，对创新载体建设进行布局、引导和支持。

早在 2004 年，深圳市发布了《关于完善区域创新体系推动高新技术产业持续快速发展的决定》这一政策文件，通过"支持建立高新技术产业专业公共技术平台"和"建设科技企业孵化器，培育科技创业源头"两条具体举措，对高新技术产业进行载体培育。

深圳市 2008 年发布了《关于加强自主创新促进高新技术产业发展的若干政策措施》的政策文件，首次明确提出支持"企业、高等院校和科研机构承担国家工程实验室、国家重点实验室、国家工程中心建设任务"，开始布局市级重点实验室、市级工程（技术）研究中心、企业技术中心的建设。

2009 年，深圳市发布了《深圳生物产业振兴发展政策》《深圳互联网产业振兴发展政策》《深圳新能源产业振兴发展政策》等文件，按照技术领域对新兴产业进行创新载体建设规划。同时，创新载体的外延扩充至"研发中心、工程实验室、重点实验室、工程中心、公共技术服务平台"。

2011 年，深圳市发布了《深圳新材料产业振兴发展政策》《深圳文化创意产业振兴发展政策》《深圳新一代信息技术产业振兴发展政策》等文件，将创新载体的布局扩充至新材料、文化创意以及新一代信息技术产业。

2012 年，深圳市发布了《关于促进科技企业孵化载体发展的若干措施》，明确提出"加大对孵化载体的投入力度""支持孵化载体建设和孵化能力提升""支持融入国家和广东省孵化体系""拓宽孵化载体发展空间"的全方位孵化载体发展计划。

2016 年，深圳市发布了《关于促进科技创新的若干措施》的政策文件，在创新载体发展到一定规模后，着重发力支持省级、国家级乃至世界级创新载体的建设以及创新资源的引进。

2017 年 5 月，深圳出台了《深圳市十大重大科技基础设施建设实施方案》，前瞻谋划和系统布局一批重大科技基础设施，加快提升源头创新能力和支撑重大科技突破，力争在重大科技领域实现跨越发展，跟上甚至引领世界科技发展新方向。

2018 年 12 月，深圳市政府印发《关于加强基础科学研究实施办法》，立足于补齐科技基础短板，推进未来网络试验设施、深圳国家基因库（二期）、国家超级计算深圳中心（二期）建设，以全球视野、国际标准，科学谋划，集中力量建设一批世界一流的重大科技基础设施，完善创新载体体系，形成布局完整、运行高效、支撑有力的创新载体发展体系。

综上所述，深圳不断完善创新载体政策支撑体系，进一步规范和促进了创新载体的建设和管理，确保了创新载体有质量地稳定增长、可持续全面发展。目前，深圳已初步建起一个以基础研究为引领、以产业及市场化为导向、以企业为主体、以开放合作和民办官助为特色的创新载体体系。以重点实验室为核心的"基础研究体系"，以工程实验室、工程中心、技术中心组成的"技术开发创新体系"，以科技创新服务平台、行业公共技术服务平台组成的"创新服务支撑体系"，共同构成了深圳科技创新载体体系的三大支点。

然而，与世界著名的旧金山湾区和纽约湾区的科技创新中心相比，深圳虽处于粤港澳大湾区科技创新中心的核心地带，但在创新资源集聚程度、创新载体运行管理水平以及成果产出质量三方面都与前两者有明显差距。未来，要以集聚创新资源为推手，以提升载体软硬件实力为支撑，以成果产出质、量并重为衡量标准，培育具有国内乃至国际影响力的高精尖类创新载体，才能为深圳提供强大的推动作用。

3. 重点实验室：倾斜于民生领域的产业布局

以重点实验室、工程技术中心为代表的创新载体是深圳开展源头创新、聚集创新人才、产生创新成果的重要平台。

2012 年，深圳启动了首批民生领域重点实验室的组建工作。首批民生领域重点实验室涉及三个领域：在医疗卫生与食品安全方面，依托 9 家医疗卫生机构建设 9 家实验室；在资源环境与生态方面，分别依托清华、北大深圳研究生院建设 2 家实验室；在城市规划与公共安全方面，依托哈工大深圳研究生院建设 1 家实验室，资助金额共计 6000 万元。

截至 2019 年，与民生直接相关的重点实验室占重点实验室总数的 50% 以上，已初步覆盖医疗卫生、生物医药和医疗器械、环境保护、生态、农业、建筑、物流交通等多个民生领域，直接推动了医疗水平和生态环境的改善。在产业领域，重点实验室主要分布在电子信息、生命科学、环境科学、材料科学、新能源、光机电等相关的学科领域，为高新技术源头创新提供理论和技术支持。

2020 年初，新冠病毒疫情席卷全球。深圳市第三人民医院对新冠肺炎的救治能力曾获得世界卫生组织点赞，并在国际著名期刊上发表数十篇重量级论文，第一时间与全球医疗界分享有关抗疫的"深圳经验"。该医院早在 2011 年就建立了"广东省新发传染病诊治重点实验室"，在新发传染病诊治方面做了大量的研究工作，积累了宝贵的经验。另一个重点实验室的杰出代表就是省部共建肿瘤化学基因组学国家重点实验室，它是由北大和清华两支科研团队强强联手组建的新药研发国家队，为提升粤港澳大湾区的创新药物研究做出巨大贡献。

4. 工程中心：主要分布于战略性新兴产业

深圳市工程技术研究中心是深圳市政府为促进产业转型升级，推动经济发展方式转变，提升深圳质量，建设国家创新型城市和现代化国际城市而设立的。深圳市工程技术研究中心支持战略性新兴产业、未来产业、机器人、可穿戴设备和智能装备产业以及资源环境类的相关项目。如果申报项目获得深圳市工程技术研究中心的认定，企业可获得 300 万元的资助。

与深圳的重点实验室倾斜于民生领域的产业布局不同，深圳市工程技术研发中心主要分布在战略性新兴产业，一般依托相关领域的龙头企业建立，再提供研发设备等资助手段，主要为解决共性技术难题进行攻关，带动相关产业的迅猛发展。比如深圳市安保科技有限公司，承担建设"急救和生命支持类医疗设备工程技术研究中心"，拥有160多项知识产权。在2020年抗疫行动中，该公司研制的医学应急救援产品发挥了重要的作用；银雁科技服务集团有限公司获批"深圳市智慧社区金融支付系统工程技术研究中心"，从而奠定了该公司服务于粤港澳大湾区建设世界级金融中心的优势地位；烯湾科技获批建设"广东省碳纳米管纤维复合材料工程技术研究中心"，正在研制新一代碳纳米管纤维复合材料，有望突破美国、日本对高强度碳纤维材料的技术封锁，为我国的高端科技产业发展提供技术支撑。

目前，深圳市工程技术研发中心的获批项目主要分布在互联网类、新一代信息技术类、新能源类、新材料类、软件类、生物和医疗器械类、机电和装备制造类、环保与节能减排类、高科技农业及民生类这些产业和领域，与全市战略新兴产业重点发展领域相吻合。

【案例链接 1 】

深圳市三医院：大湾区传染病的"克星"

2020 年 4 月 20 日，深圳市第三人民医院（南方科技大学第二附属医院，以下简称"深圳市三医院"）已经在新冠肺炎疫情"战场"上奋斗了整整 100 天。当日，医院举行了"抗疫 100 天纪念活动"，深圳市三医院院长刘磊和仍奋战在一线的医务人员共同回顾抗疫心路。

一场新冠肺炎疫情席卷全球，数百万人感染新冠病毒，死亡 30 多万。（注：截至 2020 年 6 月 2 日，全球累计确诊 6273656 人，累计死亡 372384 人。）新冠肺炎疫情抗争期间，深圳市三医院取得的成绩有目共睹，不仅临床上无医务人员感染，救治能力也获得世界卫生组织点赞。截至 2020 年 5 月 21 日，在世界级期刊上发表了 39 篇 SCI 论文，与全球医疗界分享有关抗疫的"深圳经验"，彰显了深圳首个医疗"国家队"的强大实力。

2019 年 12 月，中国医学科学院发布"2018 年度中国医院科技量值排行榜"，深圳市三医院结核病学科排名全国第 3 位，传染病学科排名全国第 13 位。现已建设成深、港、澳等珠三角地区规模最大、设备最先进、功能最完善的感染性病诊疗与研究中心，被誉为粤港澳大湾区传染病的"克星"。

深圳救治能力让世卫组织点赞

2020 年 2 月 25 日，世界卫生组织在日内瓦召开发布会，刚刚结束中国考察行程的考察组外方组长、世卫组织总干事高级顾问艾尔沃德感叹："如果我感染了，我希望在中国治疗。"他特别提到，一家医院有五六十台呼吸机、5 台 ECMO[①]。

让该专家发出如此感慨的一个重要原因是，2 月 18 日世界卫生组织专员曾到深圳市三医院调研。作为新冠肺炎病人深圳市唯一的定点收治医院，深圳市三医院有国家感染性疾病临床医学研究中心和广东省新发传染病诊治重点实验室，是一家三级甲等传染病专科研究型医院，也是深圳及周边地区唯一一家以传染病治疗为特色的现代化大型综合性医院。

刘磊回忆道："当时世卫组织人员问我们：'你们有多少台呼吸机？'我说我们有 60 台呼吸机。'你们有几台 ECMO？'我说：我们有 5 台 ECMO。在'打仗'开始的时候，深圳市委、市政府就把其他医院的 4 台 ECMO 调到我们医院，这就叫集中资源、集中收治。到今天，我们的 ECMO 有 7 台了，因为我们又紧急采购了。同时，我们应急院区呼吸机有 90 台了。另外，市卫健委将全市的精兵强将都放到了我们医院，我们的 ICU 队伍都称作'最豪华阵容'，提升了我们整体救治的水平、救治的能力。"

在这场疫情阻击战中，深圳市三医院在医疗救治上的成绩有目共睹。2020 年 1 月 16 日，深圳市三医院党委与院务会提出全员动员、全线出击、全域作战、全力以赴的应对措施与计划安排，取消所有节假日，全院职工正式投入抗疫战争。1 月 23 日，在全社会谈新冠肺炎色变的时候，一名

---

① ECMO，体外膜肺氧合机，是合并呼吸及循环辅助器的急救装置，相当于一台机械肺，被誉为患者"最后的救命稻草"。一台 ECMO 价格上百万元，一周的使用费用大约十几万元。

35 岁男性患者和一名 10 岁男童在该院治愈出院，成为广东省最早出院的病例，有效缓解了公众的恐慌情绪。截至 2020 年 1 月 27 日，广东省最早出院的 4 例患者均来自深圳市三医院。

疫情出现又一波高峰时，深圳市三医院 ICU 曾同时住着 35 位重症患者和 13 位危重症患者。每名患者需要 5 种以上的监护治疗仪器，危重症患者插着约 10 根管维持生命体征。最忙的时候，医院血液净化室护士长、主管护师吕超群团队需要给 7 位危重症患者 24 小时不间断地进行血液净化治疗。3 月 23 日，深圳重症、危重症病例动态清零。截至 2020 年 5 月 23 日，医院共收治新冠病毒性肺炎患者 462 例，出院 459 例，医务人员零感染。

医院感染二科主任袁静认为，危重症、重症的成功治愈很大程度上归

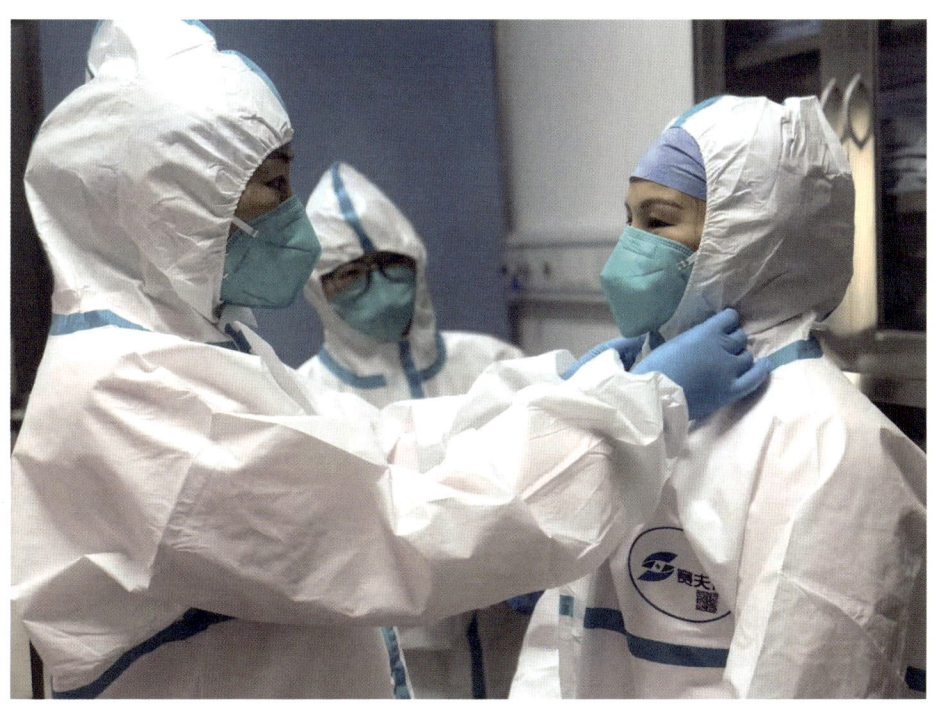

图 4-1 医护人员进隔离病房前进行院感检查

功于总结经验并加以利用。治疗团队为每位患者制订一套方案，进行精细化治疗管理，每天组织讨论和多学科会诊，严密监测患者的细微变化，及时调整治疗方法。

刘磊盛赞道，广东省和深圳市集中患者、集中专家、集中资源、集中救治的"四集中"原则，保证了集中一切资源打好救治战的前提。他总结的经验还有三条：一是深圳市三医院建立了先进的 P3 实验室，有一流的科研硬件设施做保障；二是医院拥有顶级专家团队；三是建立了规范的生物样本库和数据库。

深圳向全球分享抗疫经验

2020 年 1 月 11 日 00：30 分，两名有武汉旅居史的不明原因肺炎患者由 120 救护车送往深圳市三医院，并于凌晨 1 点被送入负压病房。根据症状体征、流行病学史以及实验室检查结果，他们被列为新冠肺炎疑似病例。由此，深圳市三医院打响了深圳抗击新冠疫情的第一枪。

深圳市三医院立即启动严密防控机制。1 月 13 日，深圳市三医院根据病毒基因序列自主合成引物和探针，确认患者新冠病毒核酸检测呈阳性。这个检测结果，比用试剂盒检测出结果提早约 12 小时。

1 月 20 日，经市疾控中心、省疾控中心及国家疾控中心层层复核后，该患者的检测结果正式公布，这是广东省首例确诊患者，也是除湖北省外的国内首位确诊患者。当天，深圳市三医院号召全体员工取消休假，很多党员发挥先锋模范作用，递交请战书请求加入一线，"全员动员、全域作战"，投入深圳抗疫的战场中。

刘磊回忆，深圳市三医院"从一个病房打到一个病区，从一个病区打到一栋楼，从一栋楼打到全院"。在新冠肺炎疫情全球暴发的大背景下，2

月 28 日，深圳市三医院发布了诊疗方案的英文版，该方案确实获得了一定的国际影响力。3 月 11 日，中国驻法国大使馆求援，希望深圳市三医院为法国新冠肺炎治疗提供咨询。3 月 26 日，波兰波兹南市请深圳市政府牵线，希望和深圳市三医院交流抗疫经验，向深圳市三医院学习如何有效救治病人？如何对危重症患者进行精细化治疗提高其生存率？哪些方法对康复期病人更有效？个人和家庭成员需要如何自我防护？如果接触了新冠肺炎感染者，会有多大可能被传染？针对这一连串的问题，深圳市三医院感染二科主任袁静总结经验，制作了专门的课件，与加拿大、波兰等地医务工作者一起分享新冠病毒肺炎防治知识和抗疫经历。

"疫情给世界人民的生命安全和身体健康带来严重威胁，面对疫情全球大流行，我们应该合作抗疫才能最终战胜病毒。"袁静表示，一定要和全世界分享、探讨战疫经验，加强国际合作和交流，为其他国家的防控工

图 4-2　2020 年 3 月 26 日，院长刘磊、感染二科主任袁静参加连线波兰的视频交流工作

作提供参考。希望全球团结一致，尽早迎来抗击新冠战疫的全面胜利。

曾有人问过刘磊，在国家专家组没有发声的情况下，他是哪里来的底气，敢于率先提出一项项研究成果。刘磊的回答掷地有声："医学领域，永远是临床工作者发现问题，对疾病的认识才不断加深，用数据和科学研究结果说话，我们有底气。"

深圳市三医院采取了多种创新的治疗措施，包括应用恢复期血浆、二氧化碳清除治疗等，对重症、危重症患者实施精细化治疗管理，每人制订一套方案，每天总结、讨论、多学科会诊。同时，及时总结经验，发布通用版、儿童版、国际版、康复随访版等多个版本的"新型冠状病毒诊疗方案"，第一时间分享"深圳经验"。

抗"疫"阻击战中的科研明星

2020 年 1 月 30 日开始，深圳市三医院率先采用新冠肺炎患者恢复期血浆治疗危重症患者。3 月 27 日，深圳市三医院以独立作者和独立通讯单位身份在国际顶级医学期刊《美国医学会杂志》①在线发表题为 *Treatment of 5 Critically Ill Patients With COVID-19 With Convalescent Plasma* 的研究论文，该研究描述对新冠肺炎危重症患者进行恢复期血浆输注的初步临床经验。深圳市三医院感染科共入住了 5 名新冠肺炎危重症患者，血浆输注后，其中 4 名在 3 天内体温恢复正常；治疗的 12 天内，5 名患者的体内病毒均转阴。同时，5 名患者体内新型冠状病毒特异性结合抗体和中和抗体滴度均出现明显增高。总之，给予危重症患者含有新型冠状病毒特异性中和抗体的康复期血浆治疗，可改善其临床状况。这是全球首次对新冠肺炎重症患者采用恢复期血浆疗法治疗的可行性研究。

① 《美国医学会杂志》是全球四大顶级医学杂志之一。

上述成果仅仅是深圳市三医院在疫情期间摸索出的众多科研成果之一。在做好新冠肺炎患者救治的同时，深圳市三医院也在科研上频频发力，努力为国内外同行提供可供参考的借鉴。

1月31日，深圳市三医院按照国家卫生健康委员会的诊疗方案，与广东省卫生健康委员会诊疗专家达成共识，通过及时梳理与总结在临床诊疗中积累的经验与实践效果，结合钟南山院士及其他省市相关专家的意见，推出了深圳版新冠肺炎诊疗方案。

深圳版新冠肺炎诊疗方案在实验室检查标本栏中增加了"粪便"一项，研究发现：在某些感染新型冠状病毒的确诊患者的粪便中检测出呈阳性的新型冠状病毒，粪便中很有可能提示存在活病毒。

在症状判断上，无症状病毒携带者也可以是传染源，非典型病例可以无明显发热等症状，重型、危重型患者病程中可能因为无明显发热症状，导致胸片与肺部 CT 结果不一致，CT 更能真实反映肺部病变。

治疗方法上，方案提倡对轻症患者早期氧疗，在重症、危重症患者病毒载量持续不降的情况下使用恢复期血浆和特异性抗体治疗。在病情进展早期，建议使用人免疫球蛋白 M，对外周血淋巴细胞明显下降的患者及时应用胸腺法新等注射治疗。同时，提倡对症、支持治疗，如早期肠内营养，使用白蛋白、肠道微生态调节剂，预防血栓形成等。

2月16日，结合新冠肺炎疫情出现的变化，深圳市三医院发布了诊疗方案 2.0 版本。针对公众质疑"假阴性"的核酸检测结果，建议鼻咽拭子或咽拭子两次病毒核酸检测为阴性的典型病毒感染者，再对下呼吸道分泌物进行核酸检测。随后，再次率先发布研究人员从患者的肛拭子样本分离到的病毒的序列具有 99% 以上同源性。

深圳版方案获得了国家认可。3月10日，科技部希望深圳尽快出台恢复期病人康复指南。

深圳市三医院能在抗疫阻击战中成为科研明星，与院方一直高度重视科研工作密切相关。早在 2011 年 8 月，广东省科技厅就批准深圳市三医院建立"广东省新发传染病诊治重点实验室"。目前，实验室主任由医院院长刘磊担任，他确定了 4 个研究方向：一是新发传染病病原学研究；二是结核病免疫发病机制研究及结核诊断试剂研发；三是艾滋病免疫发病机制研究及高通量耐药诊断试剂研发；四是病毒性肝炎免疫学特征研究及新型治疗技术和药物研发。

深圳作为连接粤港地区的纽带，是一些新发传染病（如 SARS、人感染禽流感、新型冠状病毒等）的高发地带，广东省新发传染病诊治重点实验室的建立，有利于预防和诊治新发和重大传染病，有利于维护广大人民群众的健康与生命安全，有利于促进社会经济的健康发展。

实践证明，广东省新发传染病诊治重点实验室在新型冠状病毒疫情诊断防治方面做出了重要贡献。深圳市三医院的科研团队结合以往应对SARS、人感染禽流感等新发传染病的研究经验，快速组织人员开展新型冠状病毒的临床检测，为本市的诊治工作提供有力的智力支撑。同时，与多家研究单位合作，研发新冠抗体快速诊断试剂盒、高敏 PCR 检测试剂盒等。深圳市三医院的科研团队以临床为导向，以科研为手段，成功申报科技部 7 个科研项目，加上省级、市级及梅琳达·盖茨基金会项目等共计数十项；深圳市三医院率先在全国从确诊患者粪便中检测阳性新冠病毒；对新冠肺炎危重症患者初步摸索出恢复期血浆输注的临床经验；与清华大学合作，成功分离高效新冠病毒抗体；与厦门大学合作，对新冠病毒感染病人体内抗体反应进行系统和全面研究；在国际率先进行法匹拉韦临床治疗新冠肺炎研究；与南方科技大学开展合作，在国际首次利用冷冻电镜描绘出新冠病毒的真实形貌，并实现数据库共享，已发表数十篇论文，部分内容登上《新英格兰杂志》《自然》《科学》《细胞》《美国医学会杂志》等国际顶级期刊。

像爱护眼睛一样爱护医护人员

2003 年的抗"非典"战役中，深圳市三医院实现了全院无一例"非典"病人院内死亡、600 多名职工无一例院内感染的奇迹。这次，医务人员零感染的奇迹仍在继续。

刘磊说："疫情发生后，医护人员日日夜夜奋战在一线，辛勤付出，我们的口号是'像爱护眼睛一样爱护医务人员'。不管是自己医院的，还是外院来支援的，医务人员上一线前，都会要求注射四针价值近千元的胸腺法新，增强免疫力。疫情期间，医院为医护人员提高伙食标准，要他们

图 4-3　深圳市三医院专家与钟南山院士等省内专家进行远程会诊

不打疲劳战、保障合理休息，深圳市政府还出面解决了医护人员的酒店住宿问题。深圳市政府把市民的健康和生命安危放在第一位，让市民有充分的安全感，对我们医院的投入很大，配备了充足的防护服、呼吸机等医疗物资，建设国家感染性疾病临床医学研究中心应急院区，提供床位 1000 余张。"

其实，在医疗卫生领域，刘磊爱护医务工作者是出了名的，他不仅爱护一线的医务人员，而且十分爱惜科研岗位的人才，只要是深圳市三医院用得上的高端人才，他就会想尽办法"挖"到院里来。

俗话说得好，千军易得，一将难求。几年前，刘磊了解到解放军 302 医院临床研究管理中心张政研究员的科研水平高，曾在美国北卡罗来纳大学（UNC）免疫学系做博士后研究，专攻感染性疾病慢性化及重症化机制的方向，他正是深圳市三医院急需补充的人才。于是，刘磊向张政伸出了橄榄枝，张政于 2018 年 7 月出任深圳市三医院肝病研究所所长。在抗击新冠病毒疫情中，张政团队表现出一流的科研战斗实力。

张政团队是由一群朝气蓬勃的年轻博士组成，团队平均年龄 32 岁，其第一学历均为国内知名大学。疫情暴发后，张政在第一时间组建 4 支冲锋小组，由各研究骨干任组长：一个是病毒检测和分离小组，主要负责建立生物安全标准流程、检测临床样本的病毒、分离及培养病毒工作等；第二组是生物样本库及随访小组，主要负责所有原始样本的加工、保存、出入库及病人的随访及相应的临床数据的整理和完善；第三组是抗体研发小组，主要负责从恢复期患者外周血 B 细胞调取单克隆抗体基因，以及后续功能研究；第四组是免疫检测及机制研究小组，主要负责从病人样本里提取免疫相关的数据、完成单细胞测序和抗体检测工作等。

张政介绍道："第三组和第四组主要聚焦各自的科学问题，其研究成果可以有效补充前两组的资料库，作为重要信息提供给临床治疗。比如，我们研发的抗体检测试剂盒均为临床疑似病例的筛选、'假阴性'病人的判断以及病情转归的预测提供了重要的决策依据。"在张政团队的努力下，深圳市三医院的生物样本库更加规范，并迅速

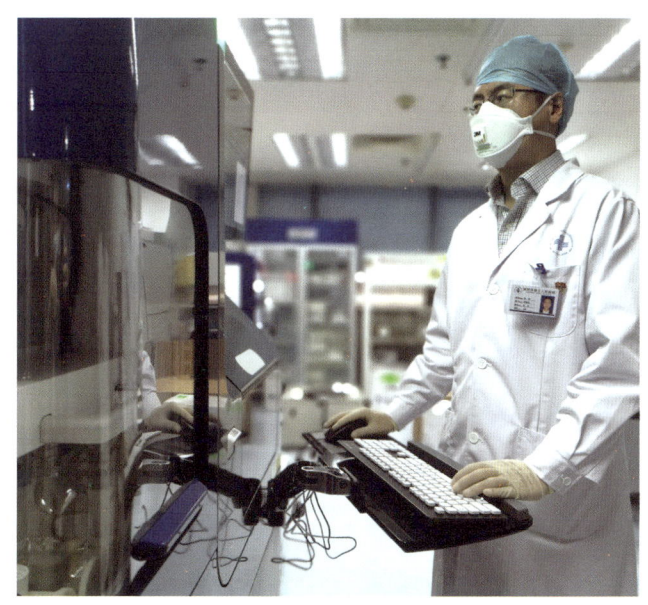

图 4-4　张政所长正在仔细查阅实验数据

扩容。目前，已经保存各类新冠患者标本 3 万多份，完成近 20 个诊断试剂的验证，其中 2 个获得国家注册认证。

院长刘磊求贤若渴，为深圳市三医院聚集了一大批像张政一样的高水平科研人才。2016 年以前，他引进了中国科学院微生物所高福院士团队、浙江大学附属第一医院肝胆外科郑树森院士团队、生物芯片北京国家工程研究中心博奥生物集团程京院士团队、浙江大学附属第一医院感染科李兰娟院士团队、中国医学科学院病原生物学研究所金奇教授团队、香港大学艾滋病研究中心陈志伟教授团队，又先后引进了中国医学科学院呼吸病学王辰院士团队、解放军 302 医院传染病生物治疗王福生院士团队、中山大学附属第一医院器官移植何晓顺教授团队、解放军总医院呼吸病重症诊治刘又宁教授团队、中山大学肿瘤医院放射介入治疗张福君教授团队、东南

大学附属中大医院重症医学邱海波教授、南京医科大学附属无锡人民医院肺移植陈静瑜教授等重点学科团队和骨干，为医院的临床诊治和科学研究后续发展注入强大的力量。

作为深圳科研领头单位之一，深圳市三医院的配套实验室面积有 4682 平方米，建设了全市唯一的 BSL-3 实验室和 SPF 级动物室。购置的科研设备总价值超过 2 亿元，包括 Beacon 和 Lighting 单细胞光导系统、质谱流式细胞仪、Biacore 生物大分子相互作用仪、10X Genomics 单细胞建库仪、illumina 四代高通量测序仪、Sequenom MassARRAY 生物芯片质谱系统、Zeiss 共聚焦显微镜、高效液相色谱仪、超速离心机、磁珠细胞分选器、激光显微切割仪等。还建立完善了高通量 MassARRAY 核酸分析平台、细胞免疫分析技术平台、分子生物学技术平台、实验动物技术平

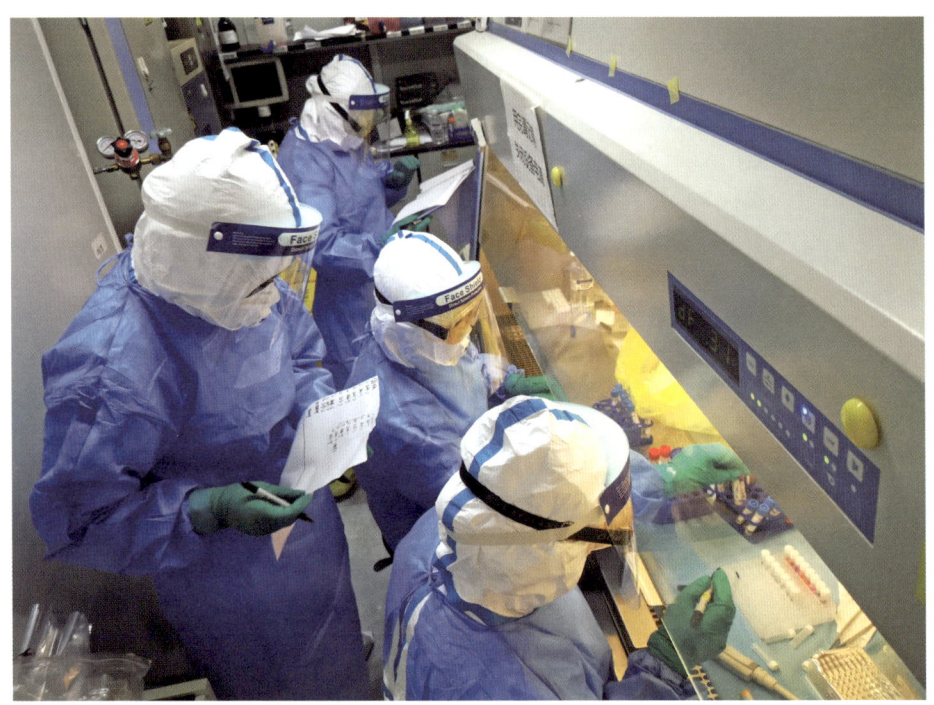

图 4-5　P3 实验室研究员工作场景

台，在满足自身研究需要的同时，更为国内的科研院所提供技术平台开放服务，实现了资源和技术共享。实验室先后与国外著名学府、研究机构进行合作交流，其中包括美国国立卫生研究院（NIH）、美国马萨诸塞大学医学院（UMASS）、澳大利亚威兹曼研究所、美国北卡罗来纳大学、美国特鲁多研究所、美国塔夫茨大学、澳大利亚悉尼大学等。

基于一流的科研平台，深圳市三医院科研团队从临床中发现问题，攻克难关，产出的科研成果层出不穷。近5年来，医院先后承担国家重大科技专项24项，国家、省自然科学基金33项，累计获得科研经费超过4亿元。2015年，获得深圳市卫生系统首个国家自然科学基金杰出青年基金。先后获得国家"十二五"传染病重大科技专项分课题18项，国家"十二五"传染病重大科技专项牵头1项，科技部重点研发计划2项。5年来，共发表SCI论文200余篇，累计影响因子超过1000分。获得国家、省、市级奖项9项，发明专利14项。

如今，深圳市三医院坚持"强专科、大综合"的特色，主要涉及三个"拳头"领域：结核病、感染病以及器官移植。医院的多学科综合诊疗耐药结核成功率达到68%，达到国际先进水平；突发、新发传染病救治屡创佳绩，"非典"期间患者零死亡，医务人员零感染；危重症H7N9禽流感患者病死率全国最低。同时，是深圳市唯一获得肝、肾移植资质的医院。

深圳市三医院已建成15个国家及省市重点专科、重点实验室，是深圳市属三级甲等传染病专科医院。2019年1月，深圳市三医院再攀"高峰"，获得广东第二批高水平医院建设"登峰单位"称号，迎来高速发展、快速转型期。

深圳首个医疗"国家队"诞生

2019 年 6 月 1 日，《深圳特区报》在醒目的位置刊登了一则重磅新闻《深圳医疗有了"国家队"！》，宣布深圳市三医院正式获批国家感染性疾病临床医学研究中心，成为本次 18 家获批单位中唯一一家地市级医院。这是深圳首个、广东省第三个国家临床医学研究中心。

刘磊自豪地介绍道，科技部、国家卫生健康委员会、中央军委后勤保障部和国家药监局联合印发了《关于认定第四批国家临床医学研究中心的通知》，国家临床医学研究中心"含金量"相当高，是面向我国疾病防治需求，以临床应用为导向，以医疗机构为主体，以协同网络为支撑，开展临床研究、协同创新、学术交流、人才培养、成果转化、推广应用的技术创新与成果转化的国家科技创新基地。

深圳市三医院获批国家感染性疾病临床医学研究中心，以结核病为主要研究方向，有何重大意义？医学专家介绍，结核病是由单一感染因素引起的死亡率最高的重大感染性疾病，全世界每年约有 1000 万人患上结核病。我国属于全球 22 个结核病高负担国家之一。由于存在大范围流动人口、缺乏有效疫苗、结核 /HIV 双重感染、耐多药结核等诸多问题，结核病的诊断、治疗及预防都面临严峻挑战。我国结核病防治水平还远不能满足正常需要，在研究选题、转化研究、协同创新、临床诊治、产品开发和人才培养等方面不仅落后于发达国家，也落后于病毒性肝炎、艾滋病等其他传染病的防治。

广东作为人口大省，流动人口比例大，是我国结核病疫情与负担最大的省份，肺结核病患人数一直位居全国第一，结核病的防治任务十分艰巨。因此，广东省亟需建立临床研究中心，建设华南地区乃至国家级的感染性疾病临床医学研究中心，为结核病的防控提供先进的技术方法和管理策略，为粤港澳大湾区经济创新发展提供坚强的保障。

目前，广东省基本形成以国家结核病防治示范区为试点的产学研创新发展体系，并取得良好的成效。结合粤港澳大湾区建设与发展的需要，因地制宜地构建了耐药结核病多哨点监测，线上、线下防控网络互补体系。稳步推进新型结核病防治结合的服务体系建设，形成覆盖 21 个地市、137 个县区、42526 个基层乡镇村的结核病防控网络体系。通过构建粤港澳大湾区结核病防控共享平台和广东省结核病远程诊疗及质量控制中心，拓展及加强"互联网＋结核病防控"建设，率先建立全省结核病疫情综合数据库，实现对全省结核病疫情的实时动态监控管理和风险评估。

刘磊表示，获批国家感染性疾病临床医学研究中心，有利于聚集一流人才，开展更广泛的国际合作，提高国际影响力。深圳市三医院有能力建设成为立足国内、面向全球、国际领先的集结核病诊断、治疗、防控、研发及技术推广于一体的国家感染性疾病临床医学研究中心。

为全球感染性疾病研究，尤其是终结结核病贡献中国智慧

在深圳，普通的敏感结核菌治愈率已达 90% 以上，但由于缺乏新药和新治疗手段，耐药结核的治愈率依旧非常低。世界卫生组织对全球结核病防治提出了更高要求：2035 年要终结结核病流行。这对于结核病第二大国——中国来说，任务相当艰巨。

此次设立国家感染性疾病临床医学研究中心，就是要探索出一条中国特色的新路。刘磊院长表示，要充分利用深圳的科创优势，开展适宜技术的转化应用研究，争取在创新药物、创新技术、创新模式等方面有所产出；努力成为结核病防治领域的"前沿技术探索者""行业标准制订者""临床应用先行者"。

刘磊团队为建设结核病全链条的产学研用一体化基地，制订了"3456建设方案"：打好"3个攻坚战"，即引育并举打造高端人才队伍、突出结核病专病专科特色、建立和完善现代医院管理制度；提升"4个能力"，即提升临床研究能力、提升临床服务质量与能力、提升医防融合与快速反应能力，以及提升预警预报服务能力；实施"5个专项计划"，即进一步改善临床医疗研究行动计划、临床医师能力提升计划、与高新技术企业合作计划、多中心研究网络建设计划、国际交流与合作计划；推进"6大建设工程"，即结核病大楼建设工程、基于5G技术的医院信息网络改造工程、结核病生物样本库与大数据中心建设工程、传染病远程医疗中心建设工程、结核病防控服务体系与适宜技术推广网络建设工程、转换医学与健康产业基地建设工程等，全力提升临床研究能力、医疗技术水平和临床服务能力，实现医院优势与特色学科齐头并进、管理与品牌大幅提升、内涵与外延协调发展。

深圳市三医院积极开展国际合作，与一些国家和地区建立了良好的合作关系。组建中国－巴西传染性疾病联合实验室，联合国家疾控中心、华大基因，搭建国际化病原数据网络平台，建立国际化的结核病疫情监测体系；利用广东省毗邻港澳等优势，积极开拓"一带一路"沿线国家的医疗信息化业务，特别是共享传染病疾病舆情与控制信息，并与金砖五国、非盟、东盟等相关政府部门和医疗机构建立了良好的合作关系。2019年2月，深圳市三医院、广东省防痨协会和广东省预防医学会共同主办了"粤港澳大湾区传染病防控合作发展研讨会"。会上，深圳市三医院联合香港大学新发传染性疾病国家重点实验室、澳门大学健康科学学院签订协议，共同成立"粤港澳大湾区新发重大传染病应急防治医学研究中心"，粤港澳大湾区的 28 家医院、防控机构、高等院校作为核心单位，参与相关工作。

2019 年 8 月 27 日是深圳市三医院申报"国家感染性疾病临床医学研究中心"答辩一周年纪念日，深圳市三医院答辩小组成员举行了简单的庆祝活动。刘磊语气铿锵地表示："深圳市三医院将继续积极开展疾病防控领域国际科技交流与合作，打造国际化临床科研攻关团队，以建设感染性疾病国家临床医学研究中心为契机，对标最高、最优、最好，推动深圳医疗走出国门，为全球感染性疾病研究，尤其是终结结核提供中国智慧和中国方案。"

不论是对结核病的防控诊治，还是阻击新冠肺炎疫情，深圳市三医院都活跃在一线，勇挑大梁。在抗疫过程中坚强有力地组织领导，在国家有难、民族有难的时候，医护人员用高超的技术和精益求精的态度，奉献无畏和仁心的精神，这些都彰显了深圳市三医院的实力和水平。

深圳市三医院远离喧闹的市中心，静默地矗立在龙岗区水官高速路旁。那里有一群可爱的白衣天使，他们既能舍生忘死地在一线救护病人，又能埋下头来搞医学研究，正是他们勇于担当粤港澳大湾区传染病的"克星"，大湾区百姓才能安居乐业，享受岁月静好的时光。

【案例链接 2 】

肿瘤化学基因组学国家重点实验室：打造创新药物高地

北京大学深圳研究生院和清华大学深圳研究生院 ① 共同筹建的"省部共建肿瘤化学基因组学国家重点实验室"，2018 年获得科技部批准，成为从事肿瘤药物研发的国家重点实验室之一。

省部共建肿瘤化学基因组学国家重点实验室主任杨震教授表示，生物医药产业是广东省、深圳市重点支持发展的战略性新兴产业，加快建设该实验室，符合华南地区肿瘤疾病的特点和治疗需求，对促进国家和区域科技创新体系建设，推动相关战略新兴产业发展具有重要的引领和支撑作用。"北大和清华两支科研团队强强联手，省部共建肿瘤化学基因组学国家重点实验室必将成为名符其实的新药研发国家队，为提升粤港澳大湾区的创新药物研究做出更大贡献。"

跨界创新的乐园吸引全球科研人才

2002 年，哈佛大学医学院化学与细胞生物学研究所研究员杨震回国，成为北京大学化学系一名教授。在北京大学领导班子的支持下，杨震来到深圳，与中国科学院院士吴云东以及邓宏魁教授、叶涛教授共同创建了北京大学化学生物学与生物技术学院，并设立了教育部首个化学基因组学二级学科，由此开始创新性的跨学科研究。

"人类基因组计划的完成以及后续功能基因组、结构基因组和蛋白组

---

① 2019 年，清华大学深圳研究生院更名为清华大学深圳国际研究生院。

计划的实施，深刻地改变了药物研发的思路和策略，形成了新药研发的新模式，即从基因到药物。化学基因组学作为后基因组学时代的新技术，是基因组学与药物发现之间的桥梁和纽带。生命科学研究需要交叉，在传统学科体系下是很难做到的，深圳这座移民城市的包容性优点就显现出来。"杨震坦诚地说，"我非常喜欢深圳的氛围，因而思考能不能把深圳打造成创新药物研发基地？我与同仁们希望在深圳复制一个斯克利普斯研究所，为中国建设一个创新药物的全新研发体系。通过美国求学与工作的经

图 4-6　杨震教授

历，我实际上不仅学到了科学知识，更重要的是学到了如何创建一个研究创新药物的体系，也学到了只要努力去奋斗，就有希望和收获，我也因此拥有了更大的底气，所以我特别希望营造一个跨界创新的乐园，让留学回国的科研人员与国内青年学子可以齐聚到这个平台上，破除传统学科的藩篱，共同做出世界一流的创新药物。"

2006 年，深圳市支持建设的"深圳市化学基因组学重点实验室"成立，并于 2007 年更名为"广东省化学基因组学重点实验室"。

2007 年，《自然》杂志采访了北京大学深圳研究生院化学基因组学重

点实验室，并发表了专题评论："北大化学基因组学实验室的成功在于采用最新的科学管理模式及研究理念，进行新药的研发与成果转化，正是因为模式的不同才吸引到最优秀的专家团队。这是发展中国家在新兴学科领域拓展的一个典范。"

一流人才是科技创新的源头，人才是最重要的创新资源。北大化学基因组学实验室的创新科学管理模式，吸引了一批国际人才——

获得香港科技大学博士学位，在北京大学深圳研究生院从事博士后研究的全军民，主要从事蛋白激酶与表观遗传学调控机制以及小分子药物研究。

获得哥伦比亚大学博士学位，在斯坦福大学从事博士后研究的潘峥婴，主要从事基于细胞信号转导的化学生物学研究和基于靶向共价药物的新药研究。

获得芝加哥大学博士学位，在哈佛大学从事博士后研究的李子刚，主要从事稳定多肽二级结构的方法学研究、治疗性靶点研究、微生物毒力及抗感染治疗研究、多肽自组装材料研究。

获得纽约州立大学石溪分校博士学位，在加州大学伯克利分校从事博士后研究的周强，主要从事神经退化性疾病和精神疾病的研究。

获得俄亥俄州立大学博士学位，在俄亥俄州立大学及加州大学伯克利分校从事博士后研究的国家杰出青年基金获得者翟宏斌，主要从事天然产物全合成、杂环化学与药物化学、有机合成方法学的研究。

为了研制中国原创药物，这样一批优秀的中青年科学家聚集在北京大学深圳研究生院化学基因组学重点实验室平台，经过十多年努力，取得了喜人成绩。

亚太理论与计算化学家协会授予吴云东院士 2014 年度福井奖章

（Fukui Medal）。吴院士是获此荣誉的第一位中国学者。该协会此举既是对其个人学术贡献的肯定，也反映了我国在国际理论与计算化学领域的影响力。德国洪堡基金会授予吴云东院士2016年度洪堡基金会科研奖（Humboldt Research Award），表彰其在科学研究以及教书育人方面的杰出贡献，并受邀长期推动中德科学研究。

杨震教授团队申报的"具有重要生物活性的复杂天然产物的全合成"项目，荣获2016年度国家自然科学奖二等奖。该项目属于有机合成化学和天然产物化学研究领域。研究团队以药物研发为导向，通过对天然产物家族的集体合成，对重要的分子进行生物学研究，并提供优秀的药物先导化合物库。团队的奋斗目标是合成并发现中国自己的天然产物。因复杂天然产物的全合成耗时久、难度大，对研究者的耐力和毅力都是极大的考验，因此国内外从事这类研究的课题组较少。

杨震教授荣获2017年度深圳市科技奖"市长奖"，他在获奖后对媒体记者说："由衷地感谢支撑着我们梦想的伟大城市——深圳。深圳有敢为人先的精神，打破传统束缚，创造了诸多'第一'，北大深研院化学基因组学科、化学生物学与生物技术学院在深圳扎根发展，其背后饱含对研发中国原创新药的执着梦想。"

肿瘤药物研发的国家重点实验室诞生

2018年，北京大学深圳研究生院和清华大学深圳研究生院联合组建的"省部共建肿瘤化学基因组学国家重点实验室"是深圳第一家依托高校组建的国家重点实验室。

在深圳市科技创新委与发改委的统一规划下，"深圳市化学基因组学重点实验室省部共建国家重点实验室培育基地"和"深圳市化学生物学重点实验室省部共建国家重点实验室培育基地"诞生。两个研究团队以肿瘤创新药物临床前的各个学科模块为研究核心，长期合作，共同发展，以学科布局交叉、互补为原则，在组学、分子影像学、结构生物学、计算生物学、合成化学、模式动物等新药研发的核心领域积极布局。两个实验室在抗肿瘤药物靶标的发现和验证、药物设计和优化、药物药效及毒性早期评价、个性化药物和个性化用药等研究领域开展合作研究，取得了一系列可喜的研究成果。

两个实验室优势互补，凝练研究方向，逐步建立相应的核心技术平台和以靶向抗癌药物为中心的研究体系。实验室聚焦广东省高发鼻咽癌、肝癌、肺癌和乳腺癌病症，利用化学基因组学这一核心技术，对四类肿瘤疾病开展基于"精准治疗"的新药研究。这一特色鲜明、优势互补的国家重点实验室，不仅是深圳大学城的一个抗肿瘤药物研究中心，还将成为广东省、深圳市创新药物研究的源泉，带动整个华南地区高端生物医药产业的

图 4-7　2018 年，"省部共建肿瘤化学基因组学国家重点实验室"揭牌

发展。

省部共建肿瘤化学基因组学国家重点实验室设立了实验室管理委员会，由广东省科学技术厅，深圳市科创委、教育局、卫健委等主管部门及依托单位组成，一般一年召开一次全体会议，审议确定实验室的发展规划、主要任务、年度财务预（决）算、资金筹措与使用方案等重大事项，审议实验室年度工作报告，对实验室工作进行评估。

实验室学术委员会由国内外知名学者组成，聘期 5 年。学术委员会制定实验室的发展战略，确立科研方向和总体规划，对实验室正在和将要支持的重大研究课题进行评审和咨询。

实验室实行在实验室管理委员会领导和学术委员会指导下的实验室主任负责制，由实验室主任负责实验室的全面工作，副主任协助主任工作或分工管理主任委托的管理项目。本届实验室学术委员会主任为中国科学院院士、国家卫生健康委员会副主任曾益新院士，副主任为中国科学院院士、宁波大学新药技术研究院院长赵玉芬院士。

围绕实验室的研究方向与科技目标，总体布局研究队伍，实行 PI 负责制和试行下聘一级的人事制度。实施"Tenure Track"（"预聘 – 长聘"）人才人事新体制，凭借学术水平和成就被学术委员会聘用和晋升。

由实验室主任组建室务委员会，统筹实验室学术事务的决策、审议、评定、咨询等职权，执行管理委员会的决议，落实学术委员会提出的建议；负责实验室科研人才引进、科研辅助人员聘任、设备共享、开放课题设立、年度科研工作考核等学术性事务管理。

实验室另设公共仪器服务平台和符合国际标准 SPF 级的动物中心，负责公共仪器设备的管理、使用、维护，以及实验动物的规范管理。实验动物中心很好地服务深圳多个科研机构和企业，包括中科院深圳先进院、深

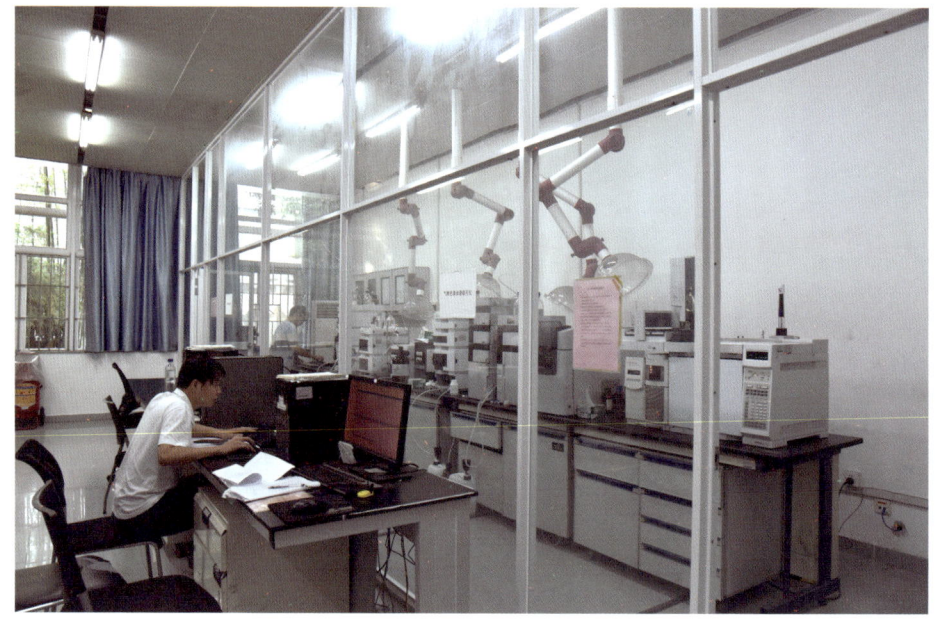

图 4-8 仪器中心

圳大学医学院、深圳未名新鹏生物医药有限公司、深圳市免疫基因治疗研究院、深圳市第二人民医院等。

仪器中心公共服务平台除满足对内教学和科研需求，还积极回馈社会，开展对外测试服务，为各兄弟院校、科研院所和制药企业提供了大量可靠的分析测试数据，如深圳大学、比亚迪、海王医药、瀚海基因、信立泰药业等。

强强联合产出一流科研成果

清华大学深圳国际研究生院的深圳市化学生物学实验室暨省部共建化学生物学国家重点实验室培育基地团队同样是一支科研实力很强的团队。该实验室的学术带头人为蒋宇扬教授。2004 年蒋宇扬教授应广东省科技厅的邀请自清华大学化学系调入清华大学深圳国际研究生院组建广东省化学生物学重点实验室，经过三年的建设，实验室于 2007 年通过广东省科技厅的验收。通过人才队伍引进、科研水平提升、化学生物学学科建设以及研究生培养，实验室于 2010 年更名为省部共建化学生物学国家重点实验室培育基地。该实验室的主要研究领域为肿瘤化学生物学及抗肿瘤创新药物研发，涉及肿瘤分子机制和信号传导网络的建立及新靶标的识别鉴定，多靶点抗肿瘤药物的设计合成及作用机制研究，肿瘤的特异性识别与检测分析。以人工智能及多组学技术为基础，系统研究肿瘤发生、发展中基因、RNA、蛋白质、小分子间及肠道微生物组的相互作用和系统机制，开展肿瘤早期筛查、诊疗新靶点及药物研发的协同创新。清华大学深圳国际研究生院化学生物学团队在肿瘤生物学、药物设计与药理学方向有突出特色，聚集了包括刘磊、马岚、吴耀炯、张雅鸥、黄来强、谭春燕等海归人才。

比如，获得中科院昆明动物所博士学位，曾在美国威斯康星大学做访问学者的马岚，现任清华大学深圳国际研究生院副院长，主要从事新型纳米诊断试剂研发、干细胞生物学研究、新型抗体药物及治疗疫苗的研发。

获得美国加利福尼亚大学博士学位，曾在美国斯坦福大学从事博士后研究的黄来强，主要从事肿瘤等疾病的分子与细胞机制、基因治疗、药物传递系统的研究。

获得华西医科大学博士学位，曾在美国哈佛大学医学院和加州大学旧金山分校从事博士后研究的张雅鸥，主要从事骨髓基质细胞的分化机理、细胞外基质与疾病关系、功能基因组学等研究。

获得多伦多大学博士学位，曾在加拿大英属哥伦比亚大学、美国哈佛医学院、杜克大学从事博士后研究的吴耀炯，主要从事干细胞再生医学研究，涉及间充质干细胞、皮肤干细胞和神经干细胞方向。

获得哥伦比亚大学博士学位，曾在美国著名的斯克里普斯研究所从事博士后研究的刘磊，主要从事蛋白质化学合成研究，专注于合成难以生物重组的蛋白质。

当清华团队与北大团队牵手之后，会产生出怎样的"混血创新"成果呢？毋庸置疑的是，他们达成了强强联合的目的，肿瘤化学基因组学重点实验室开创了合作创新的喜人局面，催化出一系列重大成果。

吴耀炯教授研发的"干细胞皮肤再生研究"项目获得 2019 年广东省自然科学奖二等奖。该项目聚焦皮肤损伤后的再生修复这一科学问题，从皮肤干细胞及其再生微环境入手，对影响皮肤再生的细胞和分子机制进行长期深入的研究，建立促进皮肤损伤再生修复的方法。

李子刚教授的"稳定螺旋多肽方法及应用研究"项目荣获 2018 年深圳市科学技术奖自然科学奖二等奖。该项目隶属于化学生物学和药物化学研究领域，以多肽工程为主要研究对象，致力于发展新型多肽螺旋构象稳定方法，解释稳定多肽的二级构象对其生物物理性能的影响。通过化学稳定的多肽研究重要蛋白靶点的生物功能和作用，可为探索更有效的药物前体奠定基础。

黄湧教授"基于仿生质子迁移的绿色合成"项目荣获 2017 年深圳市科学技术奖自然科学奖一等奖。该项目提出了质子迁移催化的新策略并实现一系列高度不对称反应，进而设计多位点催化中间体参与选择性质子化，解锁一系列未知的化学反应，并在此基础上，将质子选择性迁移概念应用于其他基团的迁移反应中，为重要的药物片段及骨架的合成提供新的思路和技术手段。

截至 2019 年 12 月，肿瘤化学基因组学重点实验室拥有固定人员 62

人，有博士学位的共 53 人，占比 85.5%。另有在站博士后 45 人及 2 名获得"长江学者"称号的教授。2018 年至 2019 年，该实验室承担各级纵向科研项目 75 项，其中国家级科研项目 32 项。2018 年，黄湧教授获得了国家自然科学基金杰出青年基金，刘磊教授荣获科技部中青年科技创新领军人才称号及第二届"科学探索奖"。

药物创新的目标是提高国民幸福指数

世界卫生组织预测，恶性肿瘤将在 21 世纪成为人类的"第一杀手"，故癌症控制已成为全球性的医疗防治的战略重点。我国虽是发展中国家，但疾病谱已发生转变，癌症不仅严重威胁着我国人民的生命与健康，而且给家庭、社会造成了沉重的负担，干扰着我国经济建设和社会发展，是一个非常突出的社会公共卫生问题。

国家癌症中心发布的数据显示，2017 年，全国恶性肿瘤新发病例数为 380.4 万例，相当于平均每天超过 1 万人被确诊为癌症，每分钟有 7 个人被确诊为癌症，全国癌症死亡数为 229.6 万例。值得注意的是，广东省经济先行，环境和生活方式改变大，癌症呈快速增长态势。除传统的高发肿瘤鼻咽癌发病率居全球最高水平之外，肝癌、肺癌和乳腺癌也增长迅速。广东省癌症发病率高出全国均值 23%，死亡率高于全国均值 7.5%。深圳市癌症患者年平均增长 4.15%，目前已超过 10 万人。其中乳腺癌的发病率近年来呈年轻化趋势，增长率已接近 0.04%，是深圳女性的头号杀手。因此，开展"地域性抗癌药物"的研发对降低癌症的发病率和死亡率，以及推动区域经济发展十分关键。

杨震教授指出，人类一般七八十岁以后癌症发病率达到高峰，如何用创新药物防控和治疗肿瘤疾病，延长人类的寿命，增加民众幸福指数，这是世界上顶级科学家们正在深入研究的领域。近年来，我国合成化学和生物医药水平已经大幅提高，可以在生命科技领域做出更突出的贡献。

大湾区建设为创新药物研发带来新契机

2019 年 12 月中旬，第十二届国际纯粹与应用化学联合会（IUPAC）生物有机化学国际研讨会（ISBOC-12）在清华大学深圳国际研究生院举行。本次会议由清华大学深圳国际研究生院、北京大学深圳研究生院、省部共建肿瘤化学基因组学国家重点实验室、深圳市科学技术协会联合主办。会议邀请来自中国、加拿大、美国、日本、英国、意大利等 17 个国家的知名学者，讨论当今学术热点、难点问题，探索解决方案，为国际生物有机化学的发展创造新的推动力。

同年 5 月，由北京大学深圳研究生院、省部共建肿瘤化学基因组学

图 4-9　化学合成实验室

国家重点实验室联合深圳湾实验室与美国癌症研究学会（AACR）共同主办第五届癌症研究新视野大会。来自十多个国家的四百多名从事基础研究、转化研究和临床研究的专家学者和行业代表齐聚深圳。大会聚焦特定癌症及针对各疾病类型应用的新兴研究领域，议题涵盖药物开发、表观遗传学、基因组学、免疫疗法、代谢和预防，以及关于胃肠道癌、肝癌、肺癌、鼻咽癌、性别特异性癌症等疾病的诊疗。

省部共建肿瘤化学基因组学国家重点实验室开展了一系列国际化学术交流活动，在国际范围内建立癌症研究与有机化学研究合作平台，推动相关研究的探索和更新。

随着广东省和深圳市进入新一轮发展期，2019年2月，中共中央、国务院印发了《粤港澳大湾区发展规划纲要》，提出培育壮大战略性新兴产业，其中生物技术、生物医药属于重点培育领域。粤港澳大湾区正在努力建设成为代表中国参与国际竞争、最能体现国际竞争能力的城市群，培育新兴产业，优化高技术产业结构，推动产业结构战略转型，构建现代产业体系，提升广东省和深圳市产业国际竞争力，已成为广东省和深圳市面临的紧迫任务。

我国新药研究已从跟踪仿制阶段发展到模仿创新阶段，向原始创新阶段迈进。肿瘤化学基因组学实验室利用现代化学基因组学理论，揭示肿瘤细胞的调控规律，探索肿瘤细胞的"外源"化学调控途径，开展化学探针与疾病分子机制、结构与计算化学生物学、活性先导设计合成与肿瘤筛选，及网络分析的原创性、前瞻性、基础性研究，建设具有国际影响力的"靶向肿瘤药物"研究基地和人才培养基地，对提升我国生物医药产业的研发水平具有重要的战略意义。

经过专家论证，省部共建肿瘤化学基因组学国家重点实验室最终确定了三个研究方向：一是肿瘤化学基因组学的前沿方法和技术；二是肿瘤致病机制及靶标和标志物；三是肿瘤药物先导化合物的发现与评价。实验室将重点围绕三个研究方向，突出跨学科交叉研究和原始创新，开展创新药物研发。

目前，该实验室准备与哈佛大学、辉瑞公司开展科研合作，重视前瞻性、战略性的新方法、新技术、新策略的研究，重视原创新药的研发，形成抗癌新药研究新模式，争取在化学基因组学及相关领域基础研究及肿瘤新药研发上取得一些原创性的科研成果，整体研究水平保持国内领先，达到国际先进水平。

"早期，我们很少与外界合作，因为基础研究本身就是要坐'冷板凳'，要耐得住寂寞，长期钻研，"杨震教授反复强调基础研究的重要性，"基础研究不能马上产生能看得见的价值，但基础研究是一种能力的象征。没有基础研究，何来原始创新？我们只有积累了足够的科研实力，才能与国际顶尖企业和科研机构平等合作。我们的目标就是要做中国原创药物，我们要提高原创性抗癌药物的转化能力，推动我国新药研究事业的创新跨越，这样才不辜负国家赋予省部共建肿瘤化学基因组学国家重点实验室的重大使命。"

【案例链接 3】

安保科技：技术为生命赢得时间

国家级高新技术企业深圳市安保科技有限公司（以下简称"安保科技"）成立于 2001 年，为中国首家"急救和生命支持类医疗设备工程技术研究中心"，拥有 160 多项知识产权。主要业务集中在医学应急救援领域，包括多功能呼吸机、电动吸痰器、除颤器、心肺复苏机、可视喉镜以及镇静镇痛产品，可为客户提供急救应急医学治疗整体解决方案。

安保科技作为深圳市医疗器械协会创始会员单位和副会长单位，2007 年就已经成为深圳市政府认定的高新技术企业；2011 年入选国家级高新技术企业，并获得科技部创新基金支持；2012 年开始获得深圳市发改委、科创委，南山区科技局等单位颁发的创新及产业化基地资助，成立生物医学工程转化研究院，发展创新型医疗产品；2013 年，获得广东省全国名牌企业认证；2015 年，获得南山区"急救设备工程技术研究中心"称号；2019 年，获得"深圳市急救和生命支持类医疗设备工程技术研究中心"称号，同年，获得广东省科技进步二等奖。

呼吸机这一医疗器械在抗击新型冠状病毒的诊疗中发挥了重大的作用，世界各国对呼吸机的需求量大增。安保科技的呼吸机产量从过去每月 300

图 4-10　深圳市急救和生命支持类
医疗设备工程技术研究中心牌匾

多台，扩充到每月 3000 台，仍然供不应求。截至 2020 年 4 月底，安保科技的仓库甚至展厅里的呼吸机样品均被抢购一空，全部发往全球各地医院参与抗疫，公司订单已经排到了 9 月以后。

2020 年 4 月 29 日，安保科技生产的呼吸机首次获得澳大利亚药品管理局（TGA）的注册认证，正式打入澳大利亚市场，这是继安保科技获得中国国家药品监督管理局（NMPA）认证、欧盟 CE 认证、加拿大国家卫生局医疗器械机构（MDL）认证、美国食品药品管理局（FDA）认证后，又一大胜举，对国际市场的开发起到极大的推动作用。

安保科技创始人、董事长王双卫说："2019 年，我们获得'深圳市急救和生命支持类医疗设备工程技术研究中心'的称号，这是对我们长期坚持大投入、自主技术研发的充分肯定，也让我们更加坚定了'技术为生命赢得时间'的理念，我们一定会在自主创新的道路上奋勇走下去，直到成为全球急救设备类的龙头企业！"

舍弃"洋代理"变身研发"狂人"

1996 年，从西安电子科技大学计算机系毕业的王双卫来到深圳，第一份工作是在深圳蓝港数网科技有限公司担任客服和技术支持工程师，因为业绩突出，1998 年被聘为公司总经理。

王双卫脑子活络，腿脚勤快，短短几年就积累了丰富的专业技能和管理能力。他渐渐不满足于打工的生存状态，于 2000 年毅然辞职。为了近距离观察和了解最高端、最先进的医疗设备产业状况和发展前景，他单枪匹马一人前往美国考察长达半年之久，遍访美国各大医疗器械公司，大开眼界，随后于 2001 年年末，在深圳南山区蛇口街道创办了安保科技，前期主要业务是代理欧美知名品牌的救护车和相关医疗设备。

"当时经过中美比较，我发现中国急救应急产业还不为大家所认知，发展极其滞后，这也许就是人生中的一次机会。'安保'就是"AMBULANCE"英文救护车的前四个字母的译音，寓意'安全保障'，而不是安防监控设备。"王双卫憨

图 4-11 2018 年 10 月 王双卫在美国哈佛商学院进修

憨地笑道。"我当时选取代理了这个领域的主流产品，比如，美国通用和福特公司的高端监护型救护车，也配套代理美国通用、飞利浦、丹能、菲康、索诺声、美敦力，丹麦安步等欧美发达国家的高端医疗设备。2003年，一场突如其来的'非典'疫情暴发，救护车和相关急救医疗器械的生意随之火爆，轻易就赚到了人生第一桶金。衣食无忧之后，不甘寂寞的我又开始思考是就此收山还是进入自主研发。如果投入研发，就意味着面临二次创业的巨大风险，失败也意味着已经到手的所有积蓄就要打水漂了。"王双卫坦言自己当时对前途看得并不清楚，也非常犹豫，于是，又用两年多的时间再次考察了国内外医疗器械市场。

王双卫的足迹踏遍了京津冀、长三角洲、珠三角洲等地区，包括北京航天长峰、美高仪、谊安、江苏凯泰、上海医用电子厂等上百家医疗设备企业，并深入临床一线仔细聆听医生对相关产品的建议、需求，甚至抱怨。他反复思考：与欧美发达国家的医疗设备相比，国产设备的水平差距太大，设计理念陈旧，产品同质化严重。如果安保科技自己研发产品也舍不得投入，仅仅停留在简单仿制、小打小闹的水平，那就是重走"低质低

价"的老路，并没有太大的产业前途和竞争优势。因此，要做就要做到最好，就必须对标欧美高端医疗设备产品，要走"产学研用"相结合的路子，从基础临床做起，全新设计，打造中国自己的高端医疗设备。

习惯代理销售模式的王双卫对自主研发并不擅长，刚开发自己的产品就呛了一大口水。"技术开发怎么搞？临床测试怎么做？产品设计怎么做？一股脑全是问题。"王双卫知道不能贪多求全，必须集中精力研发一个主打产品。2008年，他痛下决心，将技术非常成熟的病人监护仪、B超机、心电图机等项目统统砍掉，只保留了一个研发项目：救命神器——呼吸机。

呼吸机体积虽然不大，技术含量却不低，尤其是流量传感器、压力传感器、高精密气路阀块、电磁阀门等核心元器件长期依赖国外进口。如果要自主研发呼吸机，就必须从硬件接口、核心物料开发、临床应用、外形设计到功能实现都做到精通。"当时，公司某国外供应商笑话我们这帮'菜鸟'，连流量曲线还没搞懂，就想做呼吸机。"为此，一边恶补空气力学和精密阀门控制技术，一边深入临床一线做调研，安保科技足足花了5年时间，投入几亿元的研发经费。直到2013年，自主研发的首款转运呼吸机取得了国家医疗器械Ⅲ类产品注册证，当年就安装到国内100多家高端医院，自此打开了自有品牌的市场销售局面。

今天，安保科技相关产品已经进入国内超过12500家医疗卫生机构，

图4-12　工程技术研究中心人员在实验室工作

包括 1000 多家三甲医院及大学附属医院，成为同类产品中的佼佼者。安保科技的产品也出口到 100 多个国家和地区。

从破旧厂房起步到填补国家空白

王双卫尝到了自主研发的甜头，又把赚到的利润持续投入研发之中。有的项目看上去也没有多大利润，可王双卫认为"这是填补国家空白的事情，意义重大，哪怕赔钱也得干"。直升机医学救援项目所需的航空转运呼吸机与电动吸引器，就是这样的项目。

2016 年底，王双卫接待了来自解放军总医院第三医学中心的客人，他们承担了直升机医学救援项目这个国家级的科研课题，但一直找不到合适的企业配合他们研制航空医学呼吸机与吸引器。"客人考察完对我说，这是他们去过的厂区环境最差的企业了。因为那时企业还在南园工业园的一栋老旧厂房里，设施确实一般，"王双卫回忆道，"我当时表态要全力支持这个课题的研究。因为欧美发达国家一般都有直升机救援中心，随着我国经济水平的不断提高，对直升机医学救援产品的需求肯定是巨大的，因此决心参与这件有意义的事情。"

嘴上说要承接国家重大项目并不难，实际上要有能力去承担科研任务，还要舍得真金白银地长期投入研发，这个都是最考验人的地方。为此，安保科技投入 1000 多万元建立了自己的呼吸机全性能测试实验中心，配合这个项目进行深入研究和测试实验。"基本上，市面上能看到的呼吸检测仪器我们都买来了，公司实验室里现有的几台价格昂贵的进口测试高端设备，国内保有量也不会超过 5 台，放眼深圳地区估计也就我们公司才有。"

王双卫带领企业的研发人员进行反复论证，发现研制直升机上的医学装备技术难度相当大，只有走"产学研"结合的路子才能解决核心技术难题。安保科技技术总监刘波当时牵头负责这个项目，他发现直升机的螺旋桨旋转和起飞降落阶段对医疗设备的干扰很大，一升降，呼吸机上的数据全乱了。飞行过程中，呼吸机对直升机也会产生严重干扰，这些问题都必须通过硬件设计、改善结构、增加屏蔽、降低干扰等多种途径和方法才能解决。

刘波与他的同事们马不停蹄地辗转于大学、医院、检测机构：到大学向教授们请教技术难关如何攻克，在医院跟医生讨论临床的具体需求，还要向检测机构请教一些特殊的工艺方法，通过全产业链的紧密合作，历时三年，终于完成了这项国家课题。安保科技研制的直升机医学救援用呼吸机和电控吸引器产品首次填补了国家空白。

王双卫说，经过十多年的摸爬滚打，他爱上了研发创新，而且喜欢做填补空白的事情。2015 年，安保科技上马研发中高端的除颤设备。他介绍，致命性心律失常是导致患者心脏骤停死亡的首要问题。我国很多临床部门、商场、学校、景区、火车站、汽车站、机场等人流量巨大的公共场合仍然没有装备相关的急救设备，特别是自动体外除颤仪（AED），这与我国急救成功率远远低于世界水平有直接关系。当前，国内急救除颤设备的技术缺失和急救

图 4-13　研发部刘波主任在指导工作

意识不强，进口除颤相关产品售价昂贵是导致我国公共场所急救设备装备率低下，甚至是没有装备的主要原因。自动体外除颤设备只有一两种国产产品，且水平不高，缺失核心零部件的自主研发设备和中国人群的心电数据库，对推动国产除颤技术的研发和进步有巨大影响。根据国际相关医疗市场数据估算，我国除颤仪市场大概需要 800 万台，市场装备量仅有 5 万台，市场增长空间巨大。

安保科技联合国内多所知名院校，从基础临床做起，收集各种心律失常心电图；同时，针对除颤设备的核心零部件进行开发实验，目前已经取得重大成果并申请了多项发明专利。2019 年后，安保科技除颤设备的技术研发明显提速，有望在短时间内拿到国家医疗器械 III 类产品注册证。

王双卫清醒地认识到，安保科技因为舍得投入才能拥有较强的自主研发实力，也才能获批深圳市级工程技术研究中心，工程技术研究中心未来将成为一个急救技术研究、应用及发展的良好平台，通过将临床和科研技术紧密结合，构建多元化的急救设备、急救培训设备、急救培训课程等"产学研用"一体化平台，结合临床应用的痛点，通过工程技术研究中心将相关的临床应用及科研成果进行工程化和产业化实施，完成先进技术和设备的推广。

多年厚积薄发抗击疫情显神威

2020 年春节期间，位于深圳市南山区的安保科技十分忙碌，不间断地给疫区发货。为配合疫情防控工作，安保科技在第一时间号召制造部、采购部、研发部、市场营销部终止假期，全力把一批批呼吸机生产出来，连夜发往各大医院，保障呼吸机等设备的供应。

为了保障设备运转，多位工程师辞别家人驰援武汉，深入各大医院提供紧急检修、维护设备、安装服务，确保所有设备均能正常运转使用。为了响应抗击疫情所需，安保呼吸机与宇通负压救护车紧急调往抗击疫情第一线，支援新建的火神山、雷神山医院的疫情防控工作，为疫情较严重的武汉同济医学院一次性安装 36 台呼吸机。

随着新冠肺炎疫情在海外多个国家和地区的快速扩散，安保科技不断接到来自海外各大机构和使领馆的紧急订单。本来，呼吸机属于小众产品，全国呼吸机一年的市场亦不足 1 万台，可是 2020 年第一个季度，中国市场就需要 2 万台呼吸机。对于国内呼吸机制造商来说，如何扩大产能是当务之急。安保科技迅速调整人员和技术，从过去月产 300 多台，迅速扩产到月产 3000 台，这需要足够强大的技术储备和供应链支撑能力。

王双卫说："我们在 2013 年就投入上千万元购买了自动化精密机械加工实验设备。当时很多人不理解，说在深圳找机械代工厂很容易，为何还要自己花大价钱买这些重型设备呢？精密机械加工只有做到足够精细

图 4-14　2020 年 2 月 10 日，安保科技员工积极准备疫情防控设备

化，工程师对相关技术路线充分理解之后，才能做出最高品质的呼吸机，安保科技也因此成为国内首家通过欧盟 EN1789 车载系统设备标准的企业，成功打入欧美等主流市场。这几年，通过自动化精密机械加工实验室的锤炼，我们培养了一大批技术能手，也把精密加工技术的核心技术彻底吃透。比如，为保证呼吸机的安全性能，其重要部件均为双重结构，传感器均为两套，分别用于反馈控制及监测显示，各项控制功能更加精细，可进行自身检测、自身校验、自动纠正各种偏差；呼吸机有微机控制系统设计，内部各种机械部件高度精密集成，提高了呼吸机的可靠性能及耐久性。"

为了彻底解决核心技术和核心部件受制于人的难题，安保科技通过引进各类高端人才和特殊人才，例如为了开发最优气路，专门引进了空气动力学研究生；为了模拟核心呼吸机力学算法的可靠性和模拟仿真，24 小时不停止地运算，不知烧掉了多少台服务器。经过反复试验，与国内外厂商联合技术攻关，安保科技对技术与工艺已经掌握得非常彻底，每种关键零部件都可通过国内外厂商互补，确保不会断供。安保科技在疫情防控紧要关头迅速启动"备胎计划"，通过上下游企业协同生产，安保科技只要负责输出具体的软硬件技术方案、生产工艺标准和检测标准，加工企业就能保质保量地生产出安保科技所需的呼吸机主要零部件，通过快速组装就可以大批量供应到全球医疗市场。

整合全球资源提升创新境界

安保科技常年注重研发创新，各级政府部门也给予充分肯定，一项项荣誉纷至沓来：2012 年，获得深圳市发改委、科创委，南山区科技局等单位颁发的创新及产业化基地资助，成立生物医学工程转化研究院，发展创新型医疗产品；2013 年，获得广东省全国名牌企业认证；2015 年，获得广东省"急救设备工程技术研究中心"称号；2016 年，获得科技部重点研究计划课题——数字诊疗装备研发项目；2018 年，获得"中国设计红星奖"及广东省急救和生命支持类医疗设备工程技术研究中心认证，入选科技部《创新医疗器械产品目录（2018）》。

王双卫并不满足于目前取得的这些成绩，他的目标是成为全球最好的呼吸、复苏急危重症设备供应商。他说，国内的三甲医院所有的高端急救设备均被欧美等发达国家的厂商垄断，售价高昂，维修配件也极其昂贵，服务方面也跟不上，导致我国医疗急救成本高昂，医学应急救援的开展也受到诸多限制。在尚无中国版的急救复苏指南出台，以及国内从 2000 年才开始引进相关的国际急救医疗技术和设备的背景下，安保科技是较早从事专业急救设备开发和研制工作的企业。虽然国内各类急救产品陆续问世，但仍无法和国外巨头公司正面较量，也没有达到规模化发展，应急救援设备的研发和发展亟需得到全社会的重视和支持。

"工程中心以国民需要为首要目标"，急救相关设备不仅要考虑到成本和中国基层临床需求问题，而且要操

图 4-15　2019 年 11 月 21 日，安保科技团队成员参加德国展会

作快捷、简便，既可以实时转运又可以提供生命支持治疗模式，具有监测和报警功能完善、体积小、质量好、持续工作时间长等特点。为了让全球更多的发展中国家都可以用上这样的急救设备，安保科技将产品全能化、便利化、智能化作为重点的研究和发展方向。

王双卫瞄准的是国际一流应急救援设备研发产业，因此在全球寻找创新资源，开展更高水平的技术创新活动。

王双卫讲了两个国际化合作的创新故事：一是为了脱离呼吸机电磁阀门长期依赖某一家国外厂商的窘境，王双卫不仅在国内亦在国际上不断寻找新的供应商。五年前，将一家国外非医疗呼吸配件制造商引入供应链体系，与该制造商共同开发电磁阀门技术，终于获得了性价比更好的电磁阀门零件，通过互利互惠，建立了深度的友好合作关系。尤其是在新冠肺炎疫情暴发后，国际上其他供应商不能及时供应电磁阀门配件，而安保科技却可以从该厂家得到稳定的供货，保证呼吸机生产稳定，扩充产能。

二是安保科技工作人员在给法国巴黎急救中心做产品培训时，被问及是否能提供医用培训模型人，法国客户抱怨美国生产的医用模型人价格昂贵，中国生产的模型人又太简单，缺乏技术含量。安保科技向欧洲复苏委员会发出求助，得到医用培训模型人所需的临床技术标准，然后委托韩国公司提供新型材料，自己设计软硬件，最终生产出价廉物美的医用培训模型人。这款模型人采用了新材料，可以反复按压100万次不破损，而且装配了安保开发的光电传感器，可实现真实的血流显示和训练质量的及时反馈。由于性价比高、临床训练效果好，智能反馈型模型人一下子就成为畅销产品，仅一年就销售了5000多套。

"以全球化的眼光和思路，寻找创新资源和合作伙伴，做出一流产品，肯定能打开任何市场。"王双卫从对自主研发感到陌生，到现在对研发工作越来越痴迷，就是因为他了解临床和市场需求，也了解最新技术发展趋势和技术创新的途径，底气就越来越足了。

安保科技规划的工程技术研究中心从基础临床研究做起，同时联合国内外知名医疗机构，进行高端医疗产品的创新发展。比如，与深圳市人民医院急诊科联合申请并获得了 2015 年深圳市科创委基础研究课题。"国产新型心肺复苏系统（复苏机器人）临床医学转化研究"课题项目掌握了电动电控型 3D 心肺复苏装置的核心技术，该课题目前已完成结项，并获得了良好的社会效益，第二代产品已经开始研发。市级工程技术研究中心的设立，极大地促进了安保科技研发的速度，从 2018 年开始，安保科技几乎每年都会取得至少一项科技部的重大课题立项。

王双卫说："安保科技从来就不是一个急功近利的企业，企业研发的目的是希望研制出包含最高性价比的急救医疗产品服务社会。让医生满意，让病人受益是我们孜孜不倦的追求。"2018 年，安保科技车载急救医疗设备批量成功安装到西藏日喀则市。为了让当地医护人员能够掌握全球顶尖的心肺复苏技术，安保科技组织人员赴西藏给当地医生提供培训，还赠送了高端培训模型人和 AED 训练器。"我相信，今天我们只是播下一颗新技术和热爱急救知识的种子，后期它一定会茁壮成长，那么我们的安保急救设备也一定会遍及整个西藏高原和各个基层卫生机构，让更多的人群

图 4-16　2019 年 5 月 27 日，安保科技员工赴日喀则提供生命支持急救培训

受益。"

王双卫指着企业未来三年的产品规划表告诉记者，深圳市急救和生命支持类医疗设备工程技术研究中心的建立，将大幅提升我国在急诊医学、急救和危重症类医疗设备方面的研发和产业化能力，提高院前和院内呼吸衰竭和心脏骤停等危重症患者的急救、转运和救治水平；带动航空救援、灾害医学、急诊医学、重症医学、生物医学工程等整个产业链的发展，大幅提升本行业的国内外竞争实力。

王双卫说："经历过此次 2020 新冠肺炎疫情，危重症和急救呼吸等相关产品的知识和配置必要性，肯定会深入人心，未来全球的需求量只会越来越多。为此，安保科技将砥砺前行、奋发图强，充分诠释中国技术为生命赢得时间的深刻寓意和美好愿望。"

【案例链接 4 】

银雁科技：用科技赋能金融服务

银雁科技服务集团有限公司（以下简称"银雁科技"）成立于 1996 年，全国有 200 多家分支机构，服务 5 万多家客户，其中银行业客户覆盖率 80% 以上，保险业客户覆盖率 45% 以上。银雁科技 2020 年获批"深圳市智慧社区金融支付系统工程技术研究中心"，曾获得"2018 年度十佳服务地方金融科技企业""2019 年度深圳市民营领军骨干企业"等荣誉称号。

公司以"科技赋能业务"为使命，基于数字化基础设施，以"人 + 流程 +IT+DT"的服务模式，围绕营销增长、卓越体验、降低风险等客户需求，提供营销、合规、运营、技术四大产品线。

2020 年 2 月，银雁科技服务集团有限公司获批"深圳市智慧社区金融支付系统工程技术研究中心"，这是对银雁科技多年来在金融支付领域持续提供创新服务的充分肯定，也奠定了银雁科技服务于粤港澳大湾区建设世界级金融中心的优势地位。经过二十多年的耕耘，银雁科技已建成覆盖全国的服务网络，包括 6 个共享服务中心、50 多个呼叫中心、90 多个文档管理中心，拥有广东省和深圳市认定的 3 个工程技术中心、178 项软件著作权和 13 项专利授权。

作为一家总部位于深圳的企业，银雁科技将服务好深圳、服务好粤港澳大湾区作为首要责任，积极配合金融监管部门，在跨境支付、助力人民币国际化、第三方支付非现场监管等方面先行先试，为全国推广积累了宝贵的经验。作为全国性大型集团公司，银雁科技通过平台赋能实现本地客户全国服务，带动金融行业和产业生态的创新发展。

助力国家支付体系系统建设

作为金融电子化时代的先驱，银雁科技承建了各类国家级、区域级支付清算系统、交易系统。银雁科技总裁何军博士介绍，2002 年，银雁科技承建并推广中国国家现代化支付系统（CNAPS），协助央行建立中国支付清算体系；2010 年，参与 CNAPS 二代支付系统的开发与建设；2013 年，参与人民币跨境支付系统（CIPS）建设；2014 年，研发"黄金交易二级系统"，成为上海黄金交易所核心供应商。

"可以说，是因为我们 20 多年来围绕金融机构的需求不断地创新，才有了银雁科技的今天。金融电子化、集中代收付、多元化缴税、财税库银

图 4-17　2019 年 11 月 4 日，中国国际金融博览会银雁科技展台

图 4-18 何军总裁

行横向联网系统，这些都是深圳最先开发、最先尝试，引领全国现代化支付系统的创新。"何军介绍道，"今天，我们凭借在金融行业支付、交易、运营管控、精准营销、大数据风控、第三方监管等专业领域的深厚积累，携手金融机构，横向整合优势资源，为地区产业生态群提供安全、合规、便利、高效、优惠的智能化金融配套服务。获批深圳市智慧社区金融支付系统工程技术研究中心，就是鼓励我们在这个方向上进行深耕细作，助力我国新型城镇化建设，加强产城融合发展。"

不断创新助力人民币国际化

银雁科技不断拓展人民币跨境业务发展空间，深化货币合作，积极、有序地推进人民币国际化。特别是自贸区的设立，能够将离岸和在岸市场紧密地联系起来，为人民币国际化注入新的动力。银雁科技不断进行技术创新，为人民币国际化提供助力。

何军介绍说，银雁科技自贸区跨境支付结算综合业务系统，用金融科技赋能业务创新，为上海自贸区自由贸易账户跨行、跨境人民币资金收付搭建 24 小时资金清算渠道。服务内容涵盖自贸区业务、跨境贷记业务以及跨境贷记转汇、资金池、资金归集等业务，为区内机构和境外机构开立人民币自由贸易账户，提供存款、理财等账户服务，以及经常项目和直接投资项目里的自由兑换等业务，有效提升了交易清算效率。目前，银雁科技在上海自贸区投产运行相关系统，为超过 10 万客户提供资金清算服务，累计清算金额超过 300 亿元。

银雁科技为深圳前海蛇口自贸区开展跨境投融资业务提供创新综合服务平台，简化办理跨境投融资审批流程，提供跨境人民币有效监测功能，有针对性地开展资金流入、流出双向监测，构建跨境资金流动监测预警的指标体系，有效防范金融开放过程中可能面临的各类外部冲击，确保各项跨境投融资创新业务顺利、安全实施。

平台根据银行报送的业务信息，按照预设的标准，对业务量变化及趋势、跨境资金流动结构及变化、异常业务提供监测功能，依靠业务信息多维度的业务量统计，弥补人民币跨境收付信息系统的不足，进一步提高跨境投融资创新业务的管理水平，对跨境投融资创新业务实现有效管理，积极推动跨境人民币业务的创新发展。

推动港澳地区跨境支付服务

在跨境支付领域，银雁科技为澳门金融管理局研发了多币种即时支付系统、票据电子清分系统，创建澳门地区人民币清算行中国银行澳门分行研发统一支付平台、离岸集中作业平台，实现澳门与粤、港两地金融基建标准的接轨，大幅提升了粤港澳大湾区跨境联合结算的效率。

何军介绍，由于澳门地区场地贵、专业人才稀缺、用工成本高，严重制约了澳门银行业的信息化和运营管理水平。银雁科技建设的智能化离岸数据集中作业中心能有效解决中国银行澳门分行的票据电子化问题，项目采用智能图文识别技术（AI OCR）、机器人流程自动化（RPA）等技术，实现票据影像化、影像自动切片、信息自动识别功能，大幅降低了人工成本和差错率，提升了票据处理效率。

此外，银雁科技自主研发了票据清分专用的二维网格"联码"。该码在编码容量、识别率、自纠错率、安全性等方面都优于国内同类产品。在此发明专利的基础上，国内首创二维码票据电子清分系统，取代传统磁码票据清分系统。该系统应用后，票据提出无需采购磁码打码机和专用磁带等相关耗材，使用普通办公打印机即可完成。澳门金融管理局使用带有OCR模块的相关功能，即可完成票据信息的快速识别、比对和清分，票据识别率和清分速度显著提高，降低终端设备的投入和办公耗材的用量，实现绿色金融。

图 4-19　安康共享服务中心

借助银雁科技为澳门金融管理局建设的人民币即时支付系统、为人民币清算代理行建设的统一支付平台，可实现粤、澳两地人民币跨境联合结算，不仅有助于推动区域金融合作和人民币跨境使用，更有助于借助澳门的开放窗口建立中国与葡语系国家的人民币结算平台。港币即时支付系统上线后，将为粤、港、澳三地联合结算带来更大便利，解决内地与港澳金融市场互联互通和跨境金融结算的痛点。

为了积极落实大湾区发展规划纲要中"共同推动大湾区电子支付系统互联互通"的要求，银雁科技正配合澳门金融管理局在即时支付系统方面实现粤澳跨境电子直接缴费业务。未来，澳门居民可使用澳门账户支付其在内地的各类缴费。

持续打造支付生态创新

在未来的智慧城市中，智慧园区作为独立运行的最小功能单元，能为人们的工作与生活提供高品质的多维服务空间。银雁科技助理副总裁、深圳市智慧社区金融支付系统工程技术研究中心主任李家菁介绍，银雁科技为碧桂园潼湖科技小镇打造智慧园区数字化运营平台，这是一个服务创新的典型案例。该平台依托小镇产业生态，以支付平台为入口，以智能化系统为支撑，以信息服务、共享服务、金融服务为核心，打造出覆盖产业集群上下游、贯通线上线下服务资源、深度嵌入用户场景的全方位、集约化服务平台。同时，借助 AI、物联网、大数据、区块链等先进技术，实现环境、设备、企业、用户、商品、数据之间的互联互通。如推出智慧餐厅的刷脸支付，智慧停车的无感支付，无人驾驶巴士的在线预约与聚合支付，基于电子钱包的理财、保险、消费信贷等个人金融服务，基于人脸识别和大数据精准营销的园区客流热力分析等一系列智能化服务，使科技小镇公共服务便捷化、园区管理精细化、生活环境舒适化，创新了公共服务的供给模式。该项科技创新成果应用入选中国支付清算协会编著的《中国支付产业年报 2019》的金融科技专栏。

其实，这个智慧园区数字化运营平台可应用到更为广阔的应用领域，为数目众多的小微企业打造生态圈。银雁科技副总裁、首席技术官要宏介绍，长期以来，我国存在广大小微企业由于缺乏经营数据而融资困难；银行缺乏针对小微企业的风控体系，不敢给小微企业放贷的局面。如何解决这个难题呢？银雁科技针对小微企业生态系统建立智能化服务平台，以小微企业的支付结算为切入点，把他们的经营数据与银行的资金流对接，这样就等于帮助银行搭建了针对小微企业的全方位风控体系，为小微企业增信，让他们获取经营贷款，在服务实体经济的金融新生态实践中解决双方痛点，为国家在普惠金融方面提供助力。

对于银雁科技来说，创新无处不在。2020 年春季，新冠肺炎疫情席卷全球，银雁科技以数字化、平台化的创新产品和服务为抓手，借助智慧文档管理系统、智慧访客管理系统、智能金融物流定位系统、远程招聘系统、在线培训系统，为 200 多家分子公司、5 万多家客户赋能，为降低疫情风险、提高远程协同办公效率、助力复工复产提供了有力保障。

探索第三方非现场支付监管

近年来，中国人民银行对第三方支付机构的监管实行多措并举，严控客户备付金资金风险、特约商户信用风险、网络支付接口转租、转售风险、欺诈交易洗钱、套现风险等行为，进一步规范市场行为，推动网络支付市场持续健康发展。随着监管规则的逐步调整及细化，监管数据、关联数据等数据资产的滚动几何级增加，对第三方支付非现场的检查难度也持续提升。

为了提高非现场金融监管的力度和效率，银雁科技服务集团以科技引领服务，通过 IT 系统帮助中国人民银行的多个分支机构实现监管模式的优化升级。从传统的事后稽核经营报表，转变为涵盖事前、事中、事后的多层次监管模式。

银雁科技的第三方支付非现场监管系统优势明显：事前结合多个执法部门的数据，对特约商户进行实名核查和综合风险评估，快速识别违规商户；事中，（当日）完成支付机构报送的交易流水与商业银行报送的资金流水的比对，确定客户资金流向，确保客户资金安全；事后，利用大数据平台综合分析支付机构、特约商户、交易客户的行为数据，有效识别可疑交易。还采用分布式数据库，对各类数据资产实现有效管理，大幅降低了系统建设成本，压缩了数据加载时间，提高了数据检索效率。将数据资产按照安全等级进行分类，可防止数据管理不善而导致的数据泄密、丢失或损毁，并通过数据交换标准化实现脱敏数据的开放共享。

李家菁透露，银雁科技的第三方支付非现场监管系统将尝试引入机器学习功能，使系统能够快速

图 4-20　助理副总裁李家菁

适应监管政策和监管规则的变化，进一步提升客户画像和关联关系的梳理能力。

《粤港澳大湾区发展规划纲要》提出，要有序推进金融市场互联互通，推进深港金融市场互联互通和深澳特色金融合作，开展科技金融试点，加强金融科技载体建设。何军认为，在金融服务领域，香港、澳门和深圳各有优势，比如香港的优势是资本市场运营规则比较成熟，拥有国际一流的资本市场运营人才，但缺乏支持金融科技的服务型人才；深圳的金融科技专业人才比较丰富，可以提供金融科技的落地服务支撑。银雁科技未来要评估好自身的优势，抓住粤港澳大湾区发展契机，获得更大的发展。内地产业纵深度更广阔，金融创新基于产业的新需求，可以在垂直领域做供应链金融创新，我们应该向香港学习借鉴成熟的资本市场经验，服务于内地数量庞大的产业需求。

"新基建包括两个部分：数字化基础设施和数字化产业生态。银雁科技将在数字化产业生态上发力，构建应用场景的数字化基础设施，推动数字基建与各领域的融合发展。在推动我国经济数字化和智能化转型的过程中，数字化供应商的前景无比广阔，而且相关服务也是我们所擅长的。"何军站在位于福田保税区联合金融大厦的办公室窗前，远眺深港河套地区，"通过创新驱动发展，粤港澳大湾区以科技创新为核心，科技相连、金融相连，将形成一幅全面协同、充满活力的美好画面！"

【案例链接 5 】

烯湾科技：用赤子之心锻造"黑色黄金"

深圳烯湾科技有限公司（以下简称"烯湾科技"）于 2016 年 6 月在深圳注册成立。公司拥有一支过百人的国际化高素质团队，多年从事高性能碳纳米管纤维及复合材料研发工作，技术经验丰富，率先迈入碳纳米管纤维产业化阶段。

烯湾科技现为国家高新技术企业，建立了广东省碳纳米管纤维复合材料工程技术研究中心，拥有烯湾科城（广州）新材料有限公司、深圳烯湾科技有限公司东莞分公司，并在美国、日本设立实验室，全球三地同步运营，实现产学研一体化。现已启动烯湾（广州）新材料产业基地项目，预计 2021 年竣工。

通过自主创新，烯湾科技掌握了阵列碳纳米材料的生长、制备及量产的核心科技。自主创新开发的高性能碳纳米管纤维性能出众，被业界誉为"下一代新型高性能纤维材料"。生产的阵列碳纳米管粉体、薄膜、纤维系列产品性能达到业内领先水平，主要应用领域包括航空航天，卫星光学涂料，汽车、高铁等高端轻量化装备，高强度压力储存容器（如储氢罐），风能发电叶片，先进电子封装／屏蔽／散热材料，新能源锂电池正／负极导电材料，增强和功能改性材料（塑料／橡胶／金属／陶瓷）等。

2020 年 3 月 4 日，烯湾科技收到广东省科学技术厅发来的喜讯：经专家评审和网上公示，烯湾科技建设的"广东省碳纳米管纤维复合材料工程技术研究中心"被认定为"2019 年度广东省工程技术研究中心"。

　　烯湾科技联合创始人、总经理章胜华表示，获得广东省工程技术研究中心的认定，是政府对烯湾科技在碳纳米管复合材料领域进行探索以及产学研技术创新体系的充分肯定，对我国高性能复合材料发展的高度重视。同时，烯湾科技也将承担起碳纳米管复合材料发展的行业责任，为我国的高端科技产业发展提供智力支撑。

　　鲜为人知的是，这个广东省工程技术研究中心的获得还蕴含一段感人的故事，一位海归学者用赤子之心为祖国锻造"黑色黄金"就是故事的开始。

新材料产业亟需打破国外垄断

　　有一种被誉为"黑色黄金"的纤维材料，让无数材料科学家为之魂牵梦绕。这种材料就是碳纳米管纤维，它是高性能纤维材料的新一代产品。

　　高性能纤维是国内外较多使用的新型材料，被我国列入国防航空科技发展的重点研究对象。然而，现有制备关键技术被美国、日本等发达国家

图 4-21　2019 年 9 月 24 日，烯湾科技创始人章胜华荣获龙岗区第六届"双创"先锋人物

长期垄断，我国高性能纤维行业长期遭受技术封锁、产品禁运以及价格打压的待遇。

烯湾科技董事长、首席科学家邓飞介绍，高性能纤维是由有机固体高分子纤维在 1000℃至 3000℃的高温和惰性气体环境下，经高温分解、石墨化而成的含碳量 90% 以上的纤维。因其力学、化学、电学等性能优异，是国民经济与国防建设不可缺少的战略性新兴材料。碳纳米管是制造碳纳米管纤维的基础材料，有完美的六边形结构和很多独特的性质：它的强度比最高强度的钢还高 270 倍，单位重量却只有钢的 1/6；拥有良好的柔韧性，可以拉伸。20 世纪 90 年代初，日本研究人员首先发现了碳纳米管这种新型材料后，世界多个科研大国陆续开展针对碳纳米管的研究，形成一股巨大的潮流。

简单地说，碳纳米管既是材料领域导电性、导热性和力学性最好的材料，还是最轻的材料。碳纳米管纤维强化的先进纳米复合材料具有质量轻、强度高、弹性模量高的特点。同等强度下碳纳米管纤维复合材料的重量仅为铝合金的七分之一，性能超过目前航空航天领域的高性能纤维复合材料，不仅在民用领域应用场景广泛，还可广泛用于制造航空器机体及发动机、火箭外壳等领域。

以航空航天领域的复合材料为例，随着飞行器各项功能不断提高，航空飞机主要结构件上的高性能纤维强化复合材料的比重越来越大，对材料的力学性能的要求也越来越高。

高端汽车领域中，高性能纤维复合材料的使用也形成趋势。高性能纤维复合材料将轻量化与高强度、高安全性相结合，可以极大地提升驾驶体验。如果将高性能纤维复合材料应用扩展到汽车领域，可以极大地降低能源消耗，减少环境污染。

图4-22　2019年11月13日，烯湾科技在深圳会展中心参展
第二十一届中国国际高新技术成果交易会

章胜华补充道："除了航空航天和汽车领域，高性能纤维复合材料还可用于风力发电、燃料电池、超级电容器等新能源和民用器械领域。随着下一代能源需求不断拓宽，民用高性能纤维的需求比重将会越来越大。目前，国内生产的高性能纤维无法保证产品性能均一、稳定，制造成本居高不下，导致在国产大飞机、战斗机、无人机等众多重大国防项目上，以及工业器械制造等领域中，先进复合材料的使用率和合格率距离国际先进水平仍有不小差距。落后的材料加工技术严重制约了我国高端制造的发展。"

截至目前，能够达到美国联邦航空局国际标准性能，可以在客机中大量使用的高性能纤维生产技术，基本掌握在美国、日本的少数几家公司手中，而达到航空飞机使用最高标准等级的T800H、T800S，几乎被日本东丽公司独家垄断。为此，我国航空工业将高性能纤维材料作为国防科技发展的重点研究对象，并对高性能纤维材料的研发生产做出了战略规划。

瞄准"进口替代"筹谋创业

全球知名市场研究、咨询公司 Markets & Markets 于 2018 年 10 月发布调查报告："预计到 2023 年，碳纳米管市场将从 2018 年的 45.5 亿美元增长到 98.4 亿美元，复合年增长率为 16.70％。而中国则是全球碳纳米管最大的消费者之一。"

邓飞根据企业特点，不断调整经营思路，他说："目前，碳纳米管纤维尚未引起产业界的广泛关注，技术研发和产业落地均缺乏清晰、可行的路径。烯湾科技作为新材料领域的开拓者，除了实现技术转化、产品落地，还要看见碳纳米管材料更广的应用领域。为了保持企业的自身造血功能，烯湾科技可以给市场提供粉体、薄膜和纤维三种不同形态的碳纳米管产品。"

很多人问邓飞，怎么会瞄准有"黑色黄金"之美誉的碳纳米管纤维，把它作为创业方向呢？

邓飞给出的答案是，他在海外求学和工作时，先积累了丰富的科研经验；2016 年回国后，开启了他与"黄金搭档"章胜华联合创业的征程。经过 5 年多的磨合，不仅牵手深圳先进院成立联合实验室，而且在产业化道路上取得了一系列突破，获得投资机构的认可。

毋庸置疑的是，邓飞的海外求学履历极为漂亮：他获得日本筑波大学材料科学与工程专业本科及硕士学位，还曾获得筑波银行最优秀留学生奖学金等一系列荣誉。在学术方面，邓飞也取得了一系列优秀成果，包括全球首次在透射电子显微镜里成功地对银原子链的力学以及电学性能进行测试，用实验结果合理地解释了金属材料的量子力学以及电学等物理性能；全球首次成功地检测出单根多壁碳纳米管与树脂之间界面的力学和导电性能，此结果得到了学术界的高度评价。东京大学博士毕业后，邓飞受邀前

图4-23　2020年1月8日，烯湾科技在深圳南山举办年会盛典，两位创始人邓飞与章胜华合影留念

往澳大利亚联邦科学与工业研究组织（CSIRO），继续碳纳米管复合材料方面的学术研究。

即使在海外发展得很好，可邓飞的心一直被回国创业的梦想驱使着，他希望把知识转化为产能，报效祖国。创业是非常艰难的选择，但有了一颗产业报国的赤子心，再难的道路也要坚持走下去。

邓飞回国创业的合作伙伴是中学同学章胜华。他们获得第一笔投资也很顺利。2016年5月，邓飞与章胜华见到松禾资本的董事长厉伟。只谈了短短的几十分钟，厉伟就决定给予烯湾科技超千万元人民币的风险投资。厉伟除了看好碳纳米管纤维这个新兴的材料产业，还看好邓飞和章胜华组成的黄金搭档：邓飞在技术研发上实力深厚，章胜华在产业化经营上经验丰富；邓飞组建的博士研发团队，不仅覆盖了该项目涉及的所有学科和方向，更拥有丰富的量产流程及自动化设备设计经验。

携手创业打通"三个肠梗阻"

烯湾科技虽然开局很精彩，但依然面临种种挑战。他们经历了每个新材料创业者都会面临的三个难题：材料技术行不行？能否批量生产？生产出来卖给谁？

对于那段经历，章胜华记忆犹深："创业初期，我最大的苦恼是面对各种质疑，我需要不停地向别人解释，努力取信于人。在面对投资人、合作机构的时候，甚至会遇到无论如何解释也无法消除他们心头疑虑的情况，毕竟这个课题太超前，太有难度。发达国家对我们进行高性能纤维材料技术全面封锁，对相关人才的培养也同样封锁，生产设备进口根本不可能，大家觉得，实现碳纳米管纤维的产业化就是天方夜谭。"但往往事实胜于雄辩。

新材料涉及学术领域和产业领域的交叉，对原理、工艺、设备、成本和产量问题，新材料企业需要一一解决。烯湾科技团队从一开始就瞄准了量产这个目标，做了重点布局：不仅在日本、美国成立了研发中心，而且在深圳建立了中试实验室和产业化基地。

烯湾科技成立后，用两年多时间就解决了碳纳米管纤维量产的可行性问题。截至 2020 年 10 月，烯湾科技已获得或申请超过 107 项核心发明专利数据，在相关领域的顶级期刊发表百余篇学术论文。

烯湾科技通过自主研发，制备出量产所需要的生产设备和检测设备，取得更进一步的突破。在新材料的量产环节，光解决材料的制备问题还不够，如果不掌握生产设备和检测设备，就很难生产稳定的材料。烯湾科技通过自主设计设备图纸，定制设备零件，经内部加工组装，为批量生产提供完整的生产、检测设备。烯湾科技突破 CVD 法制备工艺的技术瓶颈，设计制造出具有完全自主知识产权的二代工艺装备。其运行状态良好，产品性能均一、可控，已实现成熟的吨级量产能力，下一代百吨级装备正在设计中。

实现量产是工艺上的极大进步，却不是烯湾科技征途的终点。

如果从商业化的角度，碳纳米管材料最快能进入锂电池的电极市场。章胜华认为，目前国内做浆料的企业和种类非常多，尤其是锂电池的电极，已经是红海市场。因此不管是从成本还是利润的角度考虑，浆料都不是最终的方向，希望烯湾科技能发挥碳纳米管材料最大的性能，进入相关领域。

然而，作为一种刚刚实现量产的材料，碳纳米管纤维需要一个测试周期。因此，烯湾科技希望碳纳米管纤维并不是其他材料的替代者，而是以一个结合、赋能的角色，帮助其他材料解决技术上的问题和困难，提升复合材料的性能。比如，烯湾科技正与某国际知名运动品牌合作开发新型鞋底，目前已基本完成样品测试，产品性能获得高度认可。预计 2020 年内能够顺利实现与该公司的合作。通过添加碳纳米管纤维实现橡胶的改性，增强运动鞋的性能。

"我们在开拓市场的时候，也一样要反复地解释、验证、测试。当然，只要用户能提供测试的机会，我们就非常乐

图 4-24　烯湾科技龙岗生产基地生产车间里的量产设备与产品

意积极配合，所以现在国内的汽车、航空航天、通信行业的龙头企业都在同步测试我们的材料，相信不久就能逐渐获得一些行业应用的机会。"章胜华介绍，"如果说今天半途而废，做到后面又放弃了，成功只会离我们越来越远，所以，再苦再难也要咬牙坚持。"

产学研融合发展渐入佳境

2019 年 8 月，烯湾科技与深圳先进院联合建立先进碳纳米管材料联合实验室，希望凭借先进院的基础研究能力、产业链资源等优势，加速企业发展步伐。

章胜华透露，联合实验室拟围绕高性能碳纳米管纤维及其复合材料在导电、导热、电磁屏蔽等先进电子功能材料领域进行前沿技术研究，除建立长期的技术开发及科研成果转化平台，还在人才培养、新产品研发等多层面进行广泛合作。

不到一年的时间，产学研就结出了硕果。通过打通产业链上下游企业及科研机构，联合承担广东省重点领域研发计划项目"基于热超材料的动力电池热管理应用研究"，已完成电磁屏蔽、导热材料的产品开发，比传统的屏蔽 / 散热结构设计方案更加简单，性能指标达到业界领先水平，该产品已通过国内某知名企业的实用测试。

章胜华带领团队积极申报广东省工程技术研究中心。他知道，作为广东省科技创新体系的重要组成部分，广东省工程技术研究中心是国家工程技术中心的有益补充和后备军，是促进技术创新、聚集和培养优秀科技人才、开展学术交流的重要基地。烯湾科技获得广东省碳纳米管纤维复合材料工程技术研究中心的认定后，持续加大企业研发投入，拥有化学气相沉积系统、扫描电子显微镜、真空干燥器、高强度数控三辊研磨机、SUPER

手套箱、徕卡显微镜、台式组织均质机、蓝电电池测试系统、半微量天平、纺丝拉膜仪器等软硬件设施，仪器设备装备总值近千万元。还搭建了碳纳米管制备平台、分散技术平台、膜材料平台、纤维材料平台、复合材料平台、装备设备平台等研发平台，涵盖了碳纳米管研究、检测、制备及二次应用开发系列领域，为持续开发出价格优、质量好的新型碳纳米管纤维及复合材料提供了有力的技术保障和必要的条件，奠定坚实的基础，助力企业提升核心竞争力。

"被评定为广东省工程技术研究中心，我们感觉到肩头的使命更重大了。"章胜华说，"我们的研发人员来自东京大学、筑波大学、普渡大学、特拉华大学等全球顶尖高校。核心研发人员具有丰富的碳纳米材料研发经验，涵盖高分子材料、材料科学与工程、应用化学、工业检测与分析、物理、化学等尖端技术专业，知识结构搭配合理。作为省一级的工程技术研究中心，我们要勇当行业的标兵，促进科技成果转化，为我国的经济建设做出更大贡献。"

资本助力企业驶入快车道

即使在资本寒冬，"硬科技"也不乏资本的追捧。烯湾科技就是这样一个创新实力超强的"香饽饽"。

2017 年，烯湾科技完成 A 轮融资，共有 4 家投资机构参与此轮融资。

2020 年，烯湾科技顺利完成 A+ 轮融资，公司估值超过 10 亿元。项目融资主要用于碳纳米管纤维及复合材料重点实验室及生产线的建设；驻美国、日本团队的技术研发；深圳二次应用开发团队的扩充。

资本的助力，让烯湾科技发展驶入快车道，不仅在深圳龙岗、东莞建设了产业基地，还投资成立烯湾科城（广州）新材料有限公司（简称"烯湾科城"），进行更大手笔的产业布局。

2020 年 4 月，烯湾科城宣告成立，注册资本 2.67 亿元，烯湾科技是它的控股公司。章胜华介绍，烯湾科技拟建设碳纳米管纤维制造基地及配套的科研、质检等辅助设施，实现新型碳纳米管纤维粉体、碳纳米管导电浆料、碳纳米管导热/散热膜、碳纳米管纤维复合材料等产品产业化。建筑总面积 6.3 万平方米，投资规模超 15 亿元，产值超 50 亿元。烯湾科城将充分发挥纳米材料的技术和研发能力，实现中国高端纤维及复合材料的国产化，填补我国高性能碳复合材料领域的空白。同时，烯湾科城将紧随国家发展氢能源这一重大战略，加速新型储氢瓶包覆材料的产业落地，助推我国氢燃料电池的发展，从而快速推进先进碳纳米材料产业集群建设，实现高新科技成果转化，成为粤港澳大湾区新材料领域的尖端力量。

从无到有、从低端到高端、从量产到二次开发，烯湾科技现在和将来要走的道路，正是我国新材料行业不断发展和寻求突破的缩影，它的发展速度，彰显了"政策扶持＋资本助力"发展模式的优势。

图 4-25　烯湾科技已启动烯湾科城（广州）新材料产业园项目

第五章

超常规布局：
诺贝尔奖科学家实验室

深圳先行示范丛书

SHENZHEN

XIANXING

SHIFAN

CONGSHU

为了强化基础研究，深圳市政府和多个机构进行超常规布局，于 2017 年正式启动诺贝尔奖科学家实验室建设，决定依托大学、事业单位、科技类民办非企业单位、科技型企业，邀请诺贝尔奖、图灵奖、菲尔兹奖得主共建基础研究实验室。近两年，取得了卓有实效的成果。有专家乐观地预计，科学家们的聚集会产生知识溢出的效应，即通过思想交流而产生新的思想。也就是说，深圳的发展将呈非线性增长。

1. 深圳超常规布局，补足基础研究短板

2018 年初，深圳市科技创新委员会和深圳市财政委员会出台了《深圳市诺贝尔奖科学家实验室组建管理办法（试行）》。为贯彻党的十九大"加快建设创新型国家"精神，加快建设国际科技产业创新中心，落实组建诺贝尔奖科学家实验室（以下简称"诺奖实验室"）的工作部署，将围绕深圳市产业发展规划和布局，捕捉世界科技前沿动态，在若干重点研究方向推动自然科学领域诺贝尔奖获奖科学家的引进工作。

组建诺奖实验室是深圳建设国际科技产业创新中心的重要举措，是深

圳市强化基础研究、加强应用基础研究，培养造就具有国际水平的战略科技人才、科技领军人才、青年科技人才和高水平创新团队，开展高水平国际学术交流的重要手段，旨在增强深圳的原始创新供给能力，提升科技创新质量。

诺奖实验室是非法人科研实体，实行人财物相对独立的管理运行机制，以及定期评估、动态调整的管理方式。实验室研究方向应代表世界科技前沿动态，并符合我市科技产业发展规划和布局，建设目标清晰明确，科研能力和水平达到国际先进水平，组建方案切实可行。

按照管理办法，列入"诺奖实验室"的科研机构可获得高额资助，但准入条件十分严格：科学家本人要求活跃在科研一线，每年在实验室工作不少于 30 日；实验室必须是其在国内唯一的固定机构，首个协议期原则上应为 5 年；人才引进不仅要有明确的核心团队，而且规定从市外新引进的高水平核心成员不少于 5 人。

之所以能吸引诺奖得主来深圳建立实验室，是因为深圳科技和产业的飞速发展也吸引着全球顶级科学家。深圳从零起步培育了腾讯、大疆、平安等知名企业，世界 500 强企业数量位居全球第 6 位、中国第 3 位，民营企业入榜世界 500 强数量高居全国第一。在科技和创新的催化下，深圳高新技术企业聚集效应明显，产学研一体化进程迅速，为顶尖科学家提供了用武之地。

中村修二激光照明实验室由 2014 年诺贝尔物理学奖得主中村修二担任实验室主任。他将深圳南山区比作"硅谷"，认为深圳的激光照明产业十分兴旺，专利发明大量涌现，既有完整产业链和广阔市场，也有大量高素质的科研人员和工程师，兼具"创新基因"和"拓展土壤"。

2019 年 3 月 23 日，深圳首个脑科学诺奖实验室——深圳内尔神经可塑性实验室在深圳先进院正式授牌，由 1991 年诺贝尔生理学或医学奖获得者内尔教授担任实验室主任。内尔教授表示："很高兴能在此成立实验室，这将会是在中国设立的唯一科研实验室，今后我们会在这里开展脑科学领域的原创性研究。"

所有来深建立科研机构的诺奖得主都看中了深圳的科技前景、产业结构和创新"基因"，瞄准深圳的新兴产业和优势产业，希望将自身的智慧和成果融入科技产业的发展中。

2. 深入前沿发力源头创新

有关人士表示："诺奖得主科研机构所代表的高端人才引入意味着深圳要进入创新的真正前沿，在个别领域真正登顶尖端，发力源头创新。"

如今，格拉布斯研究院、中村修二激光照明实验室、瓦谢尔计算生物研究院、科比尔卡创新药物开发研究院、盖姆石墨烯研究中心已落户深圳，深圳在 2017 年底前建成了 5 家诺奖实验室。2019 年，《粤港澳大湾区发展规划纲要》和《关于支持深圳建设中国特色社会主义先行示范区的意见》相继发布，深圳诺奖实验室建设进入快车道。其间，杰曼诺夫数学中心、内尔神经可塑性实验室、马歇尔生物医学工程实验室、索维奇智能新材料实验室 4 家诺奖实验室，以及斯发基斯可信自主系统研究院、帕特森 RISC-V 国际开源实验室 2 家图灵奖实验室相继落成，深圳诺奖实验室数量达到 11 家。[1]需要指出的是，依托深圳先进院挂牌成立的劳特伯生物医学成像研究中心，是公开报道中深圳首个以诺奖得主命名的实验室。核

---

[1]　钱飞鸣、王海荣：《诺奖实验室深圳大集结 目前已建起 11 家》,《深圳商报》,2020 年 6 月 15 日。

磁共振成像技术之父劳特伯是 2003 年诺贝尔生理学或医学奖得主，2007
年辞世时未能见证实验室落成。经过 13 年的发展，这个实验室已是世界
一流的医学成像研究中心。[①]

那么，组建以诺贝尔奖得主命名的实验室，"看上去很美"，会不会
变成一个噱头？香港中文大学（深圳）校长徐扬生坚定地表示："这绝不
是'作秀'，是推动大学科研发展的长远大计。大学把这些世界知名科研
工作者的团队引进来，他们的学生、副手有机会在大学安心地做科研，但
光做研究是一种浪费，科研成果应该作为教育资源提供给高校学生。"据
悉，诺奖得主将在香港中文大学（深圳）担任杰出教授，既参与教学科研
工作，分享学术研究成果，也让学生了解行业前沿资讯。科学研究与人才
培养密不可分，这两者之间有很大的联系。

内尔神经可塑性实验室的发展轨迹更能证明这个诺奖实验室的成绩。
这里已组建一支约 40 人的高水平研究团队，核心成员朱英杰、周涛等人
的 6 项研究成果以第一或通讯作者身份发表在《自然》《科学》《细胞》这
三份顶级学术期刊上。一年多时间里，内尔教授深入参与内尔实验室的运
作与科研攻关，与核心成员定期举行学术圆桌交流，攻关科研难题。即使
在全球新冠肺炎疫情期间，内尔实验室也以线上会议的形式每周进行学术
交流，每位研究员提交自己的实验数据和分析结果，内尔教授逐一进行点
评和指导。内尔教授还组织了多场国际性学术交流活动，积极引进海外人
才，组建国际化团队。

从一流科学家相继到访深圳并在此建立实验室，到苹果、英特尔等国
际巨头在深圳设立研发中心，再到腾讯、大疆、比亚迪、柔宇等本土知名
科技企业开拓国际市场，深圳正以全球化的视野，加速推动世界一流科技

---

① 钱飞鸣、王海荣：《诺奖实验室深圳大集结 目前已建起 11 家》，《深圳商报》，2020 年 6 月 15 日。

人才和创新资源的流动和聚集，并以更优化的方式发挥顶级科技人才的作用。

中国一直处于科技发展的前沿，深圳是中国最具创新活力的地方，这是全球顶尖科学家选择在深圳开展研究工作的主要原因。有了首例并取得了非凡成就，也就更容易让更多的诺奖获得者青睐深圳。"功以才成，业由才广。"人才是创新的第一资源。没有人才优势，就不可能有创新优势、科技优势、产业优势。习近平总书记指出，培养集聚人才，要有识才的眼光、用才的胆识、容才的雅量、聚才的良方，发挥人才作用的体制机制，创造人尽其才的政策环境。

表 5-1　深圳市诺奖实验室一览表

诺奖实验室名称	落户单位
深圳格拉布斯研究院	南方科技大学
中村修二激光照明实验室	深圳市中光工业技术研究院
香港中文大学（深圳）瓦谢尔计算生物研究院	香港中文大学（深圳）
香港中文大学（深圳）科比尔卡创新药物开发研究院	香港中文大学（深圳）
深圳盖姆石墨烯研究中心	清华—伯克利深圳学院和 清华大学深圳研究生院
南方科技大学杰曼诺夫数学中心	南方科技大学
深圳内尔神经可塑性实验室	深圳先进院
马歇尔生物医学工程实验室	深圳大学
索维奇智能新材料实验室	哈尔滨工业大学（深圳）、 深圳标朗环保新材料科技有限公司
斯发基斯可信自主系统研究院	南方科技大学
帕特森 RISC-V 国际开源实验室	清华—伯克利深圳学院

【案例链接 1】

中村修二实验室：发力全球领先激光照明技术

　　深圳光峰科技股份有限公司（以下简称"光峰科技"）是首批登陆科创板的深圳企业，受光峰科技创始人李屹博士的邀请，诺奖得主中村修二在深圳建立了实验室，致力于全球领先的激光照明技术。2016 年 12 月，中村修二激光照明实验室在深圳正式成立，中村修二担任实验室主任，负责实验室的牵头组建和后续运营工作。

　　实验室有明确的目标——瞄准世界级、具备颠覆性的新一代照明技术，勾画万亿元级产业前景，打造开放平台，聚合世界顶尖人才，沟通产业链上下游。实验室创办人李屹博士介绍说："我们希望借鉴台湾工研院的经验，为激光照明这个新兴产业打造一个全新的产业公共服务平台。"

"蓝光之父"青睐深圳创业环境

　　诺奖得主中村修二教授为何选择在深圳落脚建实验室呢？就是因为李屹对他说过："想再获一次诺奖吗？来广东吧，让深圳速度给你加速！"这句话最终打动了中村修二。

　　担任美国加州大学圣塔芭芭拉分校工程学院材料系教授的中村修二，1954 年 5 月 22 日出生于日本伊方町，毕业于日本德岛大学，是一名日裔美籍电子工程学家。1993 年，在日本日亚化学工业株式会社就职期间，首次开发出高亮度蓝光 LED，使 LED 能够产生三原色（红、绿和蓝），实现 1600 万色的设想。最为重要的是，他还攻克了蓝光 LED 工业化生产遇到的诸多世界性难题，为 LED 行业推动白色 LED 的商业化生产和运营做出了突出贡献。这一技术带来节能明亮的白色光源，开启全球固态照明的新时代。瑞典皇家学院将中村修二誉为"21 世纪的爱迪生"，2014 年他因这项发明获得诺贝尔物理学奖。同时，他也是蓝色激光的发明者，被誉为"蓝光之父"。

过去，有人运用中村修二发明的蓝光，发明了蓝光 DVD 的技术；而光峰科技运用中村修二发明的蓝光，加上荧光粉，独创了 ALPD 激光荧光显示技术，这一项突破性的创新击穿了长期以来制约激光显示方面的技术瓶颈，特别在光源效率、成本、使用寿命方面被国际同行视为下一代理想光源的发展方向，并在全球范围内率先实现了激光显示光源的产业化。

光峰科技不仅独创了 ALPD 激光荧光显示技术，而且顺利产业化，如今拥有上千名员工，拥有 1000 余项专利技术。

图 5-1 中村教授（左）与李屹博士

图 5-2　2016 年 12 月 13 日，中村教授在揭牌仪式上接受深圳卫视记者采访

　　2013 年，在美国拉斯维加斯一次活动中，李屹遇见"蓝光之父"中村修二。李屹诚恳地说："能否让激光成为下一代照明的新光源，并且依靠这项技术发明开拓一个全新的产业？如果这一全新光源得到推广普及，其意义不亚于获得另一个诺贝尔奖。"这一愿景彻底激起了曾获得一次诺贝尔奖的中村修二的"野心"，中村修二决定受邀来深圳成立实验室。

　　深圳创新创业气氛十分活跃，LED 及激光产业配套环境完善，深圳市大力倡导和支持开展科技创新事业……这些深深打动了中村修二。

激光照明实验室落户鹏城

　　2016 年 12 月，深圳市中光工业技术研究院暨中村修二激光照明实验室正式揭牌，中村修二担任实验室主任。该实验室是深圳在建设国际科技产业创新中心，不断提升源头创新能力过程中，诞生的第二家由诺贝尔奖得主领衔的重大创新平台。

中村修二教授表示，激光技术将成为未来显示产业的一个重要发展趋势，蓝光 LED 代表着激光照明的未来。作为"中国的硅谷"，深圳在开展激光照明技术研究和产业化方面具备良好的环境和得天独厚的条件。他将和团队一道，将全球领先的激光照明技术带到深圳，进一步加速关键核心技术研发，加速创新成果产业化进程，为深圳创新驱动发展做出积极贡献。

作为实验室的创办人，李屹对媒体记者说："和诺奖大师一起，将激光照明的工业技术研究和开发放到广东来做，这是一件激动人心的事情！如果激光用于照明，一个激光灯就可以照亮一个篮球场。将它开发出来，就有可能改变照明的历史和未来。"

深圳作为国内重要的半导体产业聚集地之一，将以激光照明为代表的下一代照明技术作为创新的重要支撑，努力推动该产业继续发展壮大。中村修二激光照明实验室是激光照明关键技术研发创新的重要平台，必将加快研发成果的产业化进程。

吸引一流国际人才汇聚深圳

短短数年时间，这个诺奖科学家实验室就吸引了美国国家工程院院士史蒂夫·登巴斯、美籍华人专家王雷博士和郑兆祯博士等各路高手，加上大量国内高端研发人员，一支科研实力雄厚的国际化研发团队已经形成。

比如，王雷博士在美国硅谷从事集成电路芯片研发 20 年，曾在世界一流芯片企业英特尔、AMD（超微）、国家半导体公司工作。在英特尔公司担任项目主管和资深设计工程师，承担多项核心研发任务并取得技术突破，在高性能数模混合集成电路（IC）、系统级芯片（SoC）以及服务器（Server）的设计和验证领域有丰富的研发和产业经验。因为熟悉全面的

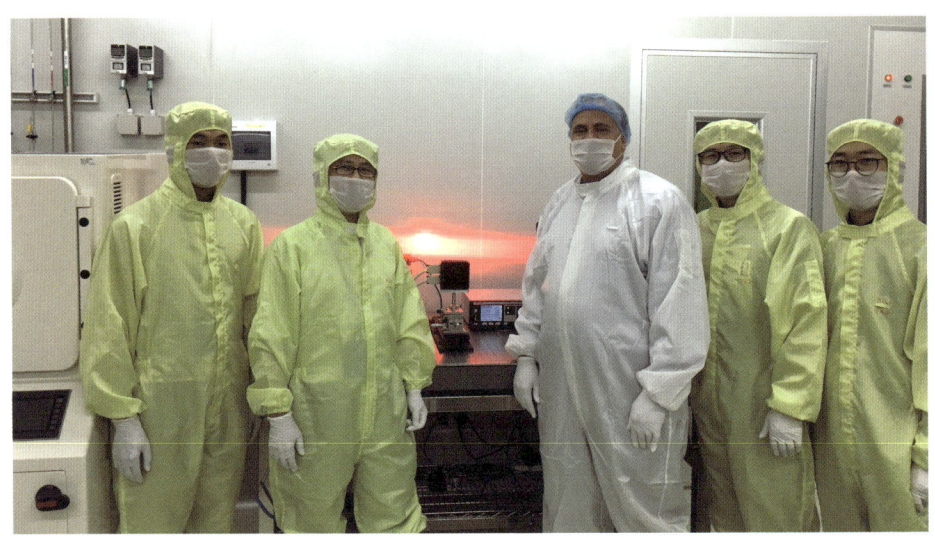

图 5-3 美国工程院院士史蒂夫·登巴斯（左三）指导实验操作

集成电路芯片、微机电系统和光电器件的设计和制造流程，积累了丰富的芯片设计研发技能，所以在项目管理和技术产业化方面独具经验。发表过10余篇技术论文，并获得 4 项美国发明专利。

再比如，郑兆祯博士自 1999 年起开始进行氮化镓发光二极管、大功率电子器件研究，是化合物半导体工艺方面的专家。自制设备 ECR-PECVD 与 ECR-RIE，对氮化镓材料与高密度等离子的反应进行探讨，是高密度 ECR 等离子半导体光电器件应用与机制研究的先驱。相关成果发表于《欧洲陶瓷学会》期刊，获得数十次相关领域研究学者的引用。除了研究开发新型光电器件外，他在相关技术领域产业化实施方面经验丰富。先后在连勇科技与旭明光电负责芯片生产的实现与量产，还带领研发团队与工程团队不断攻克量产难关，使研发产品从初期 20% 以下的良品率，在短期内提升至 70% 以上。高散热金属合金衬底晶圆制造技术，不仅实现产业化，还可用于大功率发光二极管器件。郑兆祯也多次参与国际会议，是近 20 项美国专利的发明人。

作为中村修二激光照明实验室的项目承接单位，深圳市中光工业技术研究院（以下简称"中光研究院"）也同步积极招揽国内外一流人才。2019 年，巫英坚出任中光研究院院长。他不仅获得过中科院物理所博士学位，而且拥有多年行政部门工作经验，担任过科技部火炬高技术产业开发中心副主任。更难得的是，他有十分丰富的企业管理和产业化经验，曾任四川长虹集团董事与首席技术官（CTO）。

巫英坚对选择加盟中光研究院十分自豪："之所以出任中光研究院院长，是因为我非常赞同李屹博士所说的'价值创造'理念，希望做出中国人自己的原创技术，带动一个全新的市场。而中村修二实验室就是要做这么一件事情，带动中国激光照明产业的发展和壮大。在激光照明产业形成初期组建这样一个诺奖实验室，深圳市政府非常有远见。诺奖实验室作为弥补深圳基础研究不足的新措施，既可以吸引国际一流的科研人才，又能抢先布局新兴激光照明产业，占据这个产业链的高端。"

中光研究院理事长、联合创办人吴斌介绍道："作为民办非企业性质的非营利性机构，中光研究院主要采取民间自筹资金的投资模式，实行投管分离、独立核算、自负盈亏模式，以市场需求为导向。主要有三个特点：第一，始终聚焦产业化。研发的目的在于推进科研成果的转化、产业化和商业化。第二，研发导向市场化。根据市场的需求进行研发方向、项目的选择。第三，运行模式企业化。机构组织与运行完全市场化、企业化。

中村修二激光照明实验室坚持源头创新，中光研究院将成为激光照明产业的一个孵化器，集聚产业发展所需的各类关键要素，为行业持续输送人才和核心技术。

激光照明是一座待采的金矿

"激光照明的发光面积更小，发光效率更高，更容易聚焦且照射距离更远，可以广泛应用于汽车车头灯及其他领域。同时，激光照明属于点光源，未来可以与光纤技术集合，碰撞出巨大的应用前景。"中村修二如此描述激光照明技术的优点。

作为新一代照明技术，半导体激光二极管（LD）的发展与20世纪末的发光二极管（LED）的开发经历有些相似。最初的LED功率和转换效率均不尽如人意，仅能用于投影笔、玩具显示、手机按键指示，当时的发达国家做出预判，认为技术若能逐步完善，LED可用于照明，取代传统的白炽灯及荧光灯。果不其然，经过20年的发展，LED在照明的应用领域已超出当时的预估。目前，LED照明技术的核心专利都在美国、日本、欧洲公司的手上。中国依托国内庞大的市场，在21世纪初奋力追赶，好不

图5-4　2017年12月14日，中村教授团队到南方科技大学进行科研交流

容易缩小了差距，但在专利创新及国际市场的拓展方面仍需深耕细作。而且中国的企业虽然产能高，但主要贡献的是中低端产品，整个 LED 产业面临产能过剩、同质化竞争激烈、利润不断下降的困境。

相对 LED 照明，激光照明具有效率高、节能好、亮度强、成本低等优势。中村修二教授曾多次预言："未来的照明领域将进入激光时代。"如果能够领先世界，带头布局激光照明这个下一代的照明产业，将抢占行业制高点和话语权，取得核心知识产权，将会获得更多的市场份额。目前，我国在这方面的基础研究与产业化开发起步较晚，必须抓紧时机，加紧投入，取得技术和产能的制高点。

全球 LED 产业看中国，中国 LED 产业看广东。国家"十三五"规划涉万亿元级的半导体照明市场，广东占半壁江山。正是在这个背景下，深圳市政府引进中村修二激光照明实验室，提前布局激光照明技术，通过源头创新抢占先机，以新技术革命带动新产业革命，推动供给侧改革，实现产业升级和技术换代。

基础研究需要耐得住寂寞

基于诺奖实验室必须聚焦产业化的目标和定位，中村修二激光照明实验室的主要研发方向有两个：一是基础研究，致力于实现高功率激光二极管的关键技术和核心工艺的突破；为提高激光照明产品稳定性和可靠性的基础研究。二是应用研究，在突破高功率激光器制备核心技术和解决芯片稳定性、可靠性问题的基础上，遵循产品、产业迭代规律和研发路径，逐步开展应用于具体照明场景的相关技术研究。

目前，中村修二激光照明实验室投资约 6000 万元，专攻大功率激光芯片设计和技术验证实验室。一期工程已于 2018 年 12 月投入使用，购买

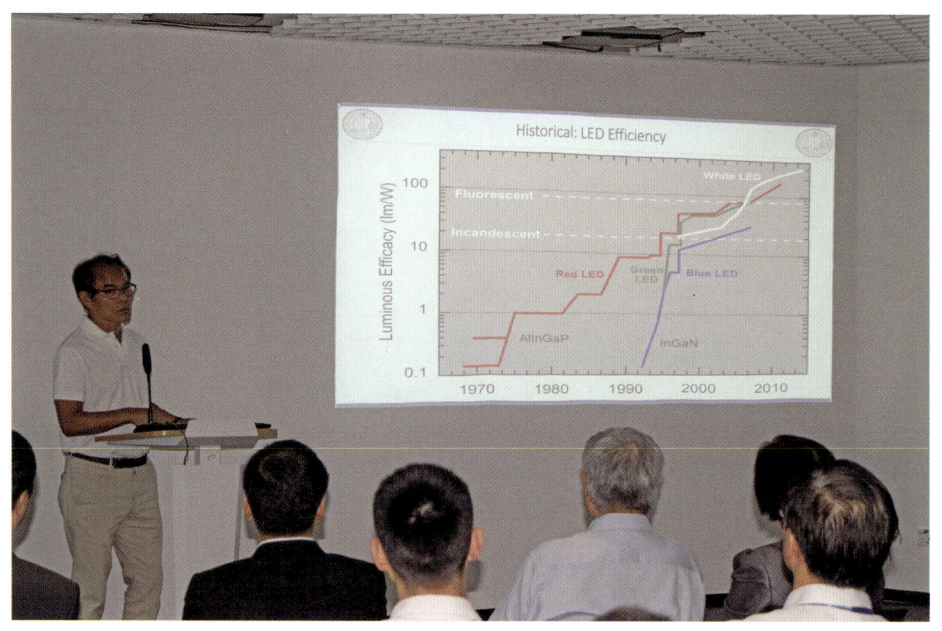

图 5-5 2018 年 7 月 19 日，中村教授在激光照明技术与产业交流会上做主题演讲

了包括电子回旋共振溅镀机、感应耦合等离子体蚀刻设备、等离子体化学气相沉积设备等设备。按照研发进度和项目需求，未来还会补充、完善和改扩建有关芯片外延生产、封装测试等实验平台，并创建高水平的激光器件检测中心，为创新技术和产品提供检测服务。

经过三年的发展，实验室已经取得显著的阶段性成果，其中有两项位于国内甚至世界领先水平。一是在激光照明前端照明芯片技术研发方面，中村实验室目前已经建立大功率红激光二极管芯片的基准工艺平台，能稳定重复制作单芯 2W 功率光输出的激光巴条与芯片，电光转换效能达 30% 以上，各项测试指标已经达到世界领先水平。二是在高分辨率、高速宽谱 MEMS 空间光调制器芯片的研发方面，研究院已与清华大学、中科院微电子所、上海微技术研究院、上海华虹半导体等单位在 MEMS 芯片设计、制造、封装等方面开展以项目为主导的合作，共建芯片仿真平台、流片开发工艺验证平台、芯片封装测试平台。2019 年，项目取得了前期突破性阶段成果，实现 MEMS 芯片大于 10 万像素晶圆基本器件功能的实验测试，达到国内领先水平。

中村修二激光照明实验室主任助理李一飞透露，即使实验室取得了一些突破性的成就，也很少对外发布新闻，因为从事基础研究需要耐得住寂寞，不喜欢被镁光灯包围，团队成员都相当低调。中村修二教授在组织技术研发工作的同时，也非常注重与产业链上下游沟通交流，了解企业的具体需求。2018 年 7 月 19 日，中村修二教授在深圳举办"激光照明技术和产业交流会"，并邀请相关上下游半导体产业、照明产业公司代表以及深创投等投资机构，共同探讨项目的产业化方向和市场前景，切实推动"高端引领＋产业落地"的产业布局。中村修二教授还多次率队到深圳比亚迪

图 5-6　2017 年 6 月 26 日，中村教授团队到广汽研究院进行技术交流

总部、广州广汽集团等公司走访交流，探讨新一代照明技术在汽车工业内的应用前景。实验室重要成员也先后走访或接待北汽集团、大族激光、联赢激光、中电照明等行业上下游领军企业，对可见光无线通信（LiFi）、大功率工业激光器、汽车照明、特种照明等激光应用领域的产业化落地事宜进行了深入研讨，初步达成合作意向。

李屹曾有过这样一段自我评价："我是一名理想主义的创业者。我坚信真正聪明的人应该给社会带来贡献，而不是仅仅为自己谋取利益。中村修二激光照明实验室的成立，也是我践行理想的一个明证。这个实验室将在新一代照明技术领域开展前沿研究，实现源头创新，形成人才的集聚效应、引领效应和辐射效应，将深圳打造成具有国际影响力的激光照明技术研究基地和高端研发人才培养基地，为深圳创新驱动发展、打造国际科技产业创新中心做出积极贡献。"

【案例链接2】

深圳格拉布斯研究院：建设世界级均相催化中心

深圳格拉布斯研究院是深圳市政府为实施新一轮创新发展战略布局，加快建设国际科技产业创新中心，全力支持建设的实体科研机构。深圳格拉布斯研究院依托南方科技大学建设和管理，聚焦源头创新，旨在打造扎根深圳、具有全球重要影响力的均相催化研究中心，催生若干具有重大产业化价值的变革性技术，逐步将研究院建设成新医药和新材料的研发基地，提高深圳在均相催化研究及相关领域的国际地位。

深圳格拉布斯研究院创办时间仅有4年，已聚集一批高端科研人才，产出了重磅科研成果，充分发挥了诺贝尔奖科学家在全球科技界的聚集效应及源头创新的引领作用，提升了深圳在新医药与新材料领域的原始创新能力和产业核心竞争力。

中国首个以诺贝尔化学奖得主命名的研究院

深圳格拉布斯研究院是中国首个以诺贝尔化学奖得主命名的研究院，借助格拉布斯教授在催化化学与材料化学领域的国际影响力，面向全球引进高端人才，组建国际一流的科研平台与团队，积极与南方科技大学相关院系以及国内外顶尖高校和研究机构展开精诚合作，为研究院走在均相催化行业前沿奠定坚实基础。

在全球催化化学领域，罗伯特·格拉布斯可谓大名鼎鼎。他不仅在基础研究方面颇有建树，而且以他的名字命名的格拉布斯系列催化剂享誉世界，在产业界有广泛应用，更难得的是，他对中国非常友好。

格拉布斯生于 1942 年，是加州理工学院终身杰出冠名教授，也是美国科学院、工程院、艺术与科学学院三院院士，并于 2015 年当选中国科学院外籍院士。由于在烯烃复分解领域做出了划时代贡献，格拉布斯教授被授予 2005 年诺贝尔化学奖。

格拉布斯教授的主要研究领域是"催化化学以及高分子合成化学"。他在该领域取得的原始创新成果，对新医药、新材料和新能源领域的发展有重要的影响。格拉布斯系列催化剂的广泛应用为全球相关领域创造了巨大的社会价值和经济效益。

20 世纪 80 年代，格拉布斯教授作为第一个美国科学家代表团的成员访问北京，受到时任国务院代总理万里的亲切接见。从那以后，格拉布斯教授经常访问中国，并通过格拉布斯论坛与国内外的科学家共同交流化学领域科技前沿焦点问题。为纪念格拉布斯教授在催化领域的贡献，经格拉布斯教授同意，2015 年，南方科技大学将正在筹建的以催化化学为核心研究领域的研究院命名为"深圳格拉布斯研究院"。以研究院为桥梁，把先进科学理念带到深圳，实现南方科技大学扎根中国大地，建成世界一流研究型

图 5-7　深圳格拉布斯研究院荣誉院长罗伯特·格拉布斯教授

大学的宏伟目标。同时，作为深圳市的新型科研机构，向世界展示创新科技发展的新模式。

筑巢引凤引来一流科学家坐镇

南方科技大学的创园里有一栋绿树掩映的白色小楼，深圳格拉布斯研究院就坐落在此。

这里不仅环境优美，而且拥有一流的科研设施。比如，已在深圳格拉布斯研究院正式运行的全自动高通量催化剂制备及筛选设备，就是内地高校首次成套引进的。此类设备已在国外顶级高校，各大制药公司、石油公司广泛使用，是全球化学领域基础研发和应用研发最先进的技术设备之一。针对不同的实验要求，全自动高通量催化剂制备及筛选设备可用于自动粉剂计量和液体分装，利用智能计算法和PDT正压浆液技术确保精确

图5-8　深圳格拉布斯研究院采用全自动高通量催化剂制备及筛选设备

固体、黏性和非黏性液体原料的快速分配，该设备也适用于大量反应条件的筛选，一次性可筛选 576 个不同的条件和反应条目，可灵活控制反应压力、温度、浓度等要求。在高温、高压条件下，可以实现不影响反应进程的效果，自动化取样，进行反应动力学研究。

目前，全自动高通量催化剂制备及筛选设备不仅可以为南方科技大学前沿学科提供强有力的保障，也可以为进行国际最为热门的前沿课题研究提供帮助。在产业辐射需求方面，基础科研成果产业化，并推动深圳市相关产业的发展，是深圳格拉布斯研究院的发展目标之一，研究院的科研平台也服务于深圳市的相关研究机构及企业。全自动高通量催化剂制备及筛选设备具备强大的功能，将有力地支持深圳市新医药、新材料企业进行原创性研发以及产品生产工艺的优化。

深圳格拉布斯研究院于 2017 年 12 月 10 日正式成立。借助格拉布斯教授在催化化学与材料化学领域的国际影响力，搭建起一流的科研平台，成功引来国内外一流的人才加盟。

研究院 2018 年成功引进了现任执行院长夏海平教授。夏海平是国家杰出青年科学基金获得者，创立并命名了具有中国特色的碳龙化学（Carbolong Chemistry），这是我国化学学

图 5-9 深圳格拉布斯研究院执行院长夏海平教授

科领域一项从 0 到 1 的原创性发现。龙象征着中华民族，夏海平教授舍弃用自己姓名命名新成果，而是把民族标签巧妙融入科研成果，这在学术界传为佳话。

碳龙化学首次实现物质从反芳香性向芳香性的突变，改变了实验上获得的莫比乌斯芳香体均为扭曲环骨架的历史。该项目创造两项世界纪录。一系列碳龙结构基元均为原创性的基本分子骨架，有宽、强吸收光谱，在太阳能利用、光催化、生物医药等领域应用前景广阔。

夏海平教授已发表学术论文 200 多篇，Carbolong 词条及代表性分子被收录于 *March's Advanced Organic Chemistry*。因该成果大大提升了碳元素在配位化学中的地位，有效促进了配位化学、金属有机化学、芳香化学的发展，从而拓展了人类知识的边界。该成果创新性强且系统性好，于 2013 年入选"中国高等学校十大科技进展"，2016 年入选国家自然科学基金资助项目优秀成果，并获得 2018 年度福建省自然科学一等奖。

夏海平教授担任执行院长以后，加大力度延揽国内外一流人才。深圳格拉布斯研究院通过独聘或双聘的方式组建了包括中科院院士、杰出青年等梯队人才在内的 31 人核心科研团队，还招募了包括美国科学院院士在内的海内外 12 名资深访问教授。

把"冷板凳"坐热产出重磅成果

自成立以来，深圳格拉布斯研究院共发表论文 200 余篇，JCR 一区论文 150 余篇。截至 2019 年 12 月底，累计申请专利 20 余项，授权专利 10 余项。近年来，深圳格拉布斯研究院的一系列科研成果十分亮眼。

深圳格拉布斯研究院的目标是建设成新医药和新材料的研发基地，而新医药和新材料都属于战略性新兴产业，是未来经济发展新的增长点所在。其实，培育战略性新兴产业就是"把冷板凳坐热"，一纸捷报，往往来自"十年磨一剑"的厚积薄发。深圳格拉布斯研究院喜结科研硕果，就是这一过程的生动写照。

2018 年 9 月 14 日，深圳格拉布斯研究院双聘教授谭斌科研团队在国际顶尖学术期刊《科学》上以长文的形式在线发表了题为 *Asymmetric phosphoric acid catalyzed four-component Ugi reaction* 的论文。这一基础研究，解决了近 60 年来合成化学家一直挑战的科学难题，即实现 Ugi 四组分反应立体化学的有效控制。该项研究得到了国家自然科学基金、南科大校长基金、深圳市科创委、深圳市诺奖实验室基金的资助。

值得一提的是，谭斌正是南方科技大学培养的第一位国家杰出青年。谭斌教授 2010 年毕业于新加坡南洋理工大学化学与生物化学系，获博士学位，师从钟国富教授，研究方向为新型手性有机催化剂的设计及不对称多米诺反应的研究。2010 年 3 月至 2012 年 9 月，在有机小分子催化领域的发源地——美国斯克普斯研究所（The Scripps Research Institute）进行博士后研究，师从 Barbas 教授，继续从事催化不对称合成的研究。已在轴手性化学、不对称多组分反应、自由基化学以及协同催化领域发表高水平研究论文 80 多篇。

深圳格拉布斯研究院是以均相催化为核心科研方向的研究机构，研究院据此分别建立了有机合成平台和高分子合成及表征平台。有机合成平台以催化剂的设计、合成、筛选以及反应条件的快速优化为核心研究内容，同时肩负着为高分子材料合成及表征平台遴选催化剂的重任。2019 年 5 月，主攻有机合成平台的邢祥友团队在不对称氢化领域取得突破性研究成果，该成果发表在美国化学会主办的《催化》期刊上。邢祥友团队依据野依良治在不对称氢化体系反应过渡态的表现，提出了单个手性元素即可实现高立体选择性的观点，也就是研究成果里提到的"手性经济型"催化。根据此分析，他们设计了简单且易于合成的单手性中心双胺配体，并快速合成并筛选出新型的非手性双磷／单手性双胺"手性经济型"催化剂。令人振奋的是，该催化剂可高效实现不对称转移氢化，尤其可实现芳香／吡啶酮化合物的高效不对称转移氢化，此前尚无有效催化剂可实现这一转化。

手性现象在自然界中普遍存在，许多手性药物在医学治疗中起到了非常重要的作用。手性药物针对不同对映异构体，往往显示出不同的药效，得到目标分子最为直接有效的方法就是通过理性设计，精准高效地合成手性分子。

研究院申请的"催化剂及其制备方法和手性醇类化合物的制备方法"（申请号：2019106087779）这一专利，阐述高活性光学纯催化剂直接合成手性醇类化合物的方法。该系列催化剂及不同类型的手性醇类化合物的制备方法，具有很强的通用性。

具有旋光活性的醇类化合物是制药工业、农用化学品工业和精细化工业中十分重要的中间体，使用氢转移反应法有毒性小、环境污染少、绿色高效等特点，因此具有较大的应用潜力。

在成果转化方面，深圳格拉布斯研究院积极通过申请专利、技术转让、与大型企业合作、鼓励团队自创企业等多种可行的方式，推动成果产业化，为深圳市相关产业的优化发展做出贡献。

夏海平教授介绍，深圳格拉布斯研究院管理运行机制的优势在于人力资源与平台资源得到合理优化，打破基础科学研究与产业转化之间的壁垒，加快成果产业化转化效率，积极推进科研成果落地。深圳格拉布斯研究院的原创性工作将有效覆盖高端药物的绿色合成、特种材料的精准研制等关系国计民生的前沿科技领域，各项发展正处于深圳建设社会主义先行示范区的快速前进轨道上。

获批广东省催化化学重点实验室

夏海平教授透露，研究院与南方科技大学化学系联合申报，获批建设广东省催化化学重点实验室（2020年度）项目。该实验室围绕均相催化、异相催化和催化理论基础方向开展研究，解决药物在绿色催化合成、催化聚合、甲醇制氢催化技术以及催化基础与理论几大领域存在的难题。利用高通量催化剂筛选平台，发展绿色、高效催化合成技术，能促进相关技术在新医药、新能源、新材料等领域进行广泛应用。

广东省催化化学重点实验室的研究团队主要由来自不同催化领域的高端人才，包括1名从事催化基础研究的中国科学院院士，1名从事金属有机催化和聚合物化学研究的中国科学院院士，1名从事清洁能源转化和异

图5-10　第八届格拉布斯论坛精彩瞬间

相催化研究的澳大利亚工程院外籍院士，2 名从事不对称金属均相催化研究的特聘专家，1 名从事基础理论研究的特聘教授，3 名从事不对称均相催化研究并获得国家自然科学基金的"杰出青年"，3 名国家自然科学基金的"优秀青年"，及多名深圳市的海外引进人才。实验室力争在催化科学的基础前沿领域和产业化领域获得世界一流的成果、培养世界一流的人才队伍，在化学化工、医药、材料和能源行业的基础研究领域做出颠覆性的创新与贡献。

2012 年开始，格拉布斯论坛在中国启动。该论坛是国内外催化与合成化学领域最具影响力的系列学术交流会议之一。深圳格拉布斯研究院成立后，就开始独立承办该学术盛会。论坛汇聚海内外的专家、学者，共同分享催化和高分子化学领域的最新研究成果，探讨相关领域最前沿的基础科学研究及应用转化的前景。论坛的成功举办，进一步扩大了深

图 5-11　2018 年 8 月 17 日，美国工程院院士代表团在深圳格拉布斯研究院参观、访问

圳市、南方科技大学及深圳格拉布斯研究院的国际影响力，展示出深圳创新的精神风貌。

夏海平介绍，深圳市新医药、新材料产业的优秀企业不断涌现，对于新技术、新知识的需求也不断增加。深圳格拉布斯研究院科研平台致力于建设国内领先的硬件平台，近期目标是在 5 年内建成我国有较大影响力的均相催化研究中心，并与国际高等教育、科研及其他相关机构建立广泛的联系与合作，构建顶尖科研平台建设发展机制，形成具有国际水准和中国特色的诺奖研究机构模式。

【案例链接 3 】

深圳内尔神经可塑性实验室：脑科学的探秘者

2019 年 11 月 7 日，《自然》期刊发布了庆祝创刊 150 周年的特刊。从 1869 年到 2019 年，《自然》发表了近 10 万篇论文，成为全球学术期刊的标杆之一，有巨大的影响力。特刊评选出了 150 年来最具影响力的 10 篇论文，任何一篇论文都是足以载入史册的，其中就有厄温·内尔教授（Erwin Neher，以下简称内尔教授）和萨克曼教授于 1976 年发表的名为 "*Single-channel currents recorded from membrane of denervated frog muscle fibres*" 的论文。该文讲述他们利用发明的"膜片钳"技术，首次记录到细胞内单个离子通道的电流。"膜片钳"也成为神经科学及生物学研究的革命性技术，由此开发出大量以离子通道为靶点的药物，为人类健康做出了巨大贡献。

内尔教授也因此而获得 1991 年诺贝尔生理学或医学奖。他曾担任德国马克斯·普朗克生物物理化学研究所所长，2019 年入选我国科技部高端外国专家，主要从事生物物理和神经生理学研究。

这位神经学领域顶级科学家在深

图 5-12　庆祝《自然》创刊 150 周年的特刊封面

圳牵头组建了深圳内尔神经可塑性实验室（以下简称"内尔实验室"），这是落户深圳市的第七个"诺贝尔奖科学家实验室"。该实验室代表深圳先进院脑认知与脑疾病研究所（以下简称"脑所"）汇聚和扩大国际创新资源优势的重要成果。早在 2018 年 5 月，脑所所长王立平和朱英杰研究员访问哥廷根马普所时，内尔教授就表达出在深圳建设实验室的意愿；内尔教授和夫人爱娃教授随后访问深圳期间，与深圳市领导见面，深圳的创新环境和创新精神深深打动着内尔教授。

深圳首个脑科学"诺奖实验室"落户南山

2019 年 3 月 23 日，深圳首个脑科学"诺奖实验室"——深圳内尔神经可塑性实验室在深圳先进院正式授牌，由内尔教授担任实验室主任。

内尔教授表示："很高兴能在此成立实验室，这将会是在中国设立的唯一科研实验室，今后我们会在这里开展脑科学领域的原创性研究。"

深圳市政府重点布局基础研究，成立了一系列基础研究机构，吸引了大量海内外人才来深圳从事科研创新活动。此次诺奖实验室的成立，将进一步强化深圳先进院在脑科学等领域的科研和人才聚集的能力。

中国科学院副院长张亚平院士

图 5-13　内尔教授

在致辞中表示，解决脑科学领域的科学问题，不仅是各国科学家的共同梦想，更是全社会、全人类的共同责任所在。深圳先进院在中国科学院、深圳市政府的大力支持下快速发展。深圳市前瞻布局，依托深圳先进院，联合香港等地区的优势研究团队，共同建设深港脑科学创新研究院和脑科学重大科技设施，是推动粤港创新体系建设的重要举措；中国科学院将从科技项目布局，在人才智力、国际资源汇集等方面积极予以支持。期待这些国际合作在深圳这座充满活力、开放创新的城市取得丰硕的科研成果。

深圳先进院院长樊建平希望，实验室在内尔教授的带领下能促进深圳与国际一流脑科学研究机构的合作，建成粤港澳主要的脑科学聚集地，在国际脑科学舞台上发出"深圳声音"。

亟需深入探究药物成瘾的科学机理

中国疾病预防控制中心发布的《2015 中国成人烟草调查报告》显示，我国 15 岁及以上人群吸烟率为 27.7%，吸烟者总数在 2010 年至 2015 年的 5 年时间里增加了 1500 万人，已高达 3.16 亿人。

目前，导致成瘾的详细成因，特别是神经环路层面的机制仍然不清晰，因此缺乏有效的成瘾干预和治疗手段。研究成瘾，特别是从毒品等物质成瘾入手开展神经机制与干预靶点研究，研发新型干预手段，不但能够减轻各种社会危害，也有可能为网瘾等行为的干预提供一定的理论依据。该方向研究的展开及重点实验室的设立对于我市以及整个国家的经济、社会、科技等各方面的发展都具有重要意义。

解决药物成瘾的关键在于理解其脑机制，尤其是分子和神经机制，成瘾性药物主要作用于神经系统。研究发现，很多脑区参与药物成瘾的形成过程，如伏隔核、腹侧被盖区、前额叶、杏仁核、背侧纹状体、岛叶等。

发达国家对成瘾研究一直比较重视。以美国为例，美国国家药物滥用研究所和美国国家卫生研究院酒精滥用和酒精中毒研究所属于世界范围内的行业翘楚。国内现有研究机构包括北京大学中国药物依赖性研究所、北京市药物依赖性研究重点实验室、云南省药物依赖防治研究所，尚缺乏国家级的专门研究机构。

深圳市在建立创新型城市的同时，如果能够针对药物成瘾问题设立专门的重点实验室，在理解成瘾分子和神经环路机制的基础上，探索可能的治疗和防治干预技术，不仅能全面提升深圳市以及广东省在相关研究领域的学术地位，更将提高深圳的综合竞争力，树立健康的城市形象。

用脑科学研究破解"上瘾"之谜

朱英杰博士曾在美国斯坦福大学从事脑科学研究多年，获得过美国国家精神分裂症与抑郁症研究联盟（NARSAD）青年科学家项目资助，主要研究领域为药物成瘾的神经环路机制。他于2017年加入深圳先进院，现担任深圳内尔神经可塑性实验室执行主任。

神经环路是脑内不同性质和功能的神经元在各种形式下的复杂连接。理解神经环路在健康和疾病状态下的运行机制，对于解析大脑功能、研发新的疾病诊断和治疗方法有重要的推动作用。朱英杰博士发现了阿片类药物戒断症状产生的一条关键神经环路，这一研究成果填补了戒断症状神经环路机制研究的空白，是药物成瘾领域里程碑式的发现，为药物成瘾患者提供了全新的治疗策略。该成果2016年发表于国际顶尖学术期刊《自然》，论文一经发表立刻受到国际同领域专家的高度评价和推荐，并被媒体广泛报道。《自然神经科学评论》杂志的副主编菲奥娜·卡尔表示，逆转PVT-NAc通路可塑性是一个非常有前景的治疗策略。北京大学中国药物依赖性研究所所长陆林院士肯定了朱英杰团队在阿片戒断神经环路研究中的发现。

朱英杰解释道，成瘾是一种大脑的疾病。长期吸食毒品之后，大脑很多脑区发生了结构和功能上巨大的改变，从而上瘾。大量证据表明，可卡因、海洛因等毒品能够显著地改变中脑腹侧被盖区和伏隔核的突触结构和环路功能。例如，单次可卡因注射即可诱导多巴胺神经元的长时程突触增强，能诱导伏隔核的突触，发生输入通路依赖的增强，严重影响了大脑的正常功能，是导致吸毒者行为和人格发生巨变，不顾一切地追求毒品的原因。因此，科学界已经普遍认为，毒品成瘾是一个慢性的大脑疾病，逆转成瘾导致大脑功能的紊乱是成瘾治疗的关键。

尽管物质成瘾的危害非常大，但目前却缺乏有效的干预治疗手段，复发率非常高。以小毒替代大毒的药物治疗办法并没有解决问题，手术损毁大脑成瘾相关核团带来巨大的副作用，心理行为疗法的效果也不甚明显。近年来神经科学家通过精确地解析了成瘾物质诱导的特定神经环路上发生的可塑性变化，利用各种神经调控手段（如深部脑刺激技术、经颅磁刺激技术以及超声神经调控技术），逆转或者恢复神经环路正常功能，有望成为戒除物质成瘾的有效手段。

如今，朱英杰领导的内尔神经可塑性实验室科研团队，已经获得国家自然科学基金委员会和深圳市科创委的资助，正在开展成瘾的大脑环路机制以及利用新型物理刺激干预治疗的创新研究。

朱英杰对未来三年科研的布局分外明晰。他基于对现代社会神经精神类疾病发病率的考量，对当前医学治疗手段及收获效果进行分析，指出治疗的主要问题集中在人们对神经环路的工作原理仍缺乏深刻的理解。受益于先前对神经环路研究积累的大量经验和已掌握的神经环路前沿技术，朱英杰团队将以药物成瘾的神经环路机制、抑郁症发病的神经环路机制，围绕新型治疗和干预策略开展工作。

汇聚一流人才的脑科学平台

目前，内尔实验室已组建一支约 40 人的高水平研究团队，高级职称研究人员包括朱英杰、周涛、黄天文、鲍进、孟志强、陈祖昕、陈波等；核心成员朱英杰、周涛等人的 6 项研究成果，以第一或通讯作者身份发表在《自然》《科学》《细胞》这些顶级学术期刊上。

"对于神经性疾病、退行性疾病，我们已经有一定研究基础，但是对于精神性疾病，我们还有很长的路要走。基础研究在突破初期看似跟应用没有联系，但转化应用是迟早的事。大学教育要充分尊重基础科学，不可急功近利。"内尔教授非常重视基础研究，具有严谨的科学精神。在初建的一年多时间里，内尔教授深入参与内尔实验室的运作与科研攻关，与核心成员定期举行学术圆桌交流，探讨课题进展、攻关科研难题。即使在全球新冠肺炎疫情期间，内尔实验室的学术交流也以线上会议的形式每周按

图 5-14　2020 年 1 月 15 日，内尔教授与团队核心成员会谈

时进行，每位研究员提交自己的实验数据和分析结果，由内尔教授逐一进行点评和指导。

内尔教授积极组织多场国际性学术交流，仅 2019 年便邀请 6 位海外学者到深圳先进院作学术报告，为国内外学者搭建交流平台；积极引进海外人才，组建国际化团队，亲自面试团队候选人 8 人次，为深圳成功引进 3 名全职海外学者。

"我们团队已经在深圳先进院脑所完善的研究平台的支持下开展了一系列前期研究，"朱英杰透露，"2020 年底，团队成员有望达到 50 人，希望将实验室建成深圳脑科学创新研发的一大亮点。内尔实验室将践行深圳先进院'融城融湾'的战略目标。2020 年，布局深港脑院海外中心计划，正积极探索在我国澳门及欧洲等地设立诺奖实验室海外分支研究机构。目前，正与澳门科技大学就共建联合实验室接洽初步合作方案。"

【附录1】

深圳经济特区质量条例

（2017 年 4 月 27 日深圳市第六届人民代表大会常务委员会第十六次会议通过）

第一章　总　则

第一条　为了加快推动深圳质量建设，着力提高发展质量和效益，构建质量型发展新优势，加快建成现代化国际化创新型城市和国际科技产业创新中心，根据国家有关法律、行政法规的基本原则，结合深圳经济特区实际，制定本条例。

第二条　本条例所称深圳质量，是指贯穿深圳经济社会发展各领域、全过程，满足高水平稳定增长和可持续全面发展的综合能力，包括经济质量、文化质量、社会质量、生态质量、城市建设管理质量和政府服务质量等。

第三条　深圳质量建设应当贯彻创新、协调、绿色、开放、共享等新发展理念，坚持标准先行、创新驱动、品牌发展、社会共建的原则，推进标准、质量、品牌、信誉一体化建设。

第四条　深圳质量建设应当以国际先进标准为目标，构建覆盖深圳发展各领域的多层次、高水平的深圳标准体系，推动深圳标准达到国内领先、国际先进水平。

第五条 鼓励公民、法人和其他社会组织积极参与深圳质量建设活动。

第二章　工作职责

第六条 深圳质量建设坚持市场导向、政府推动和社会参与相结合，建立和完善政府、企业事业单位、行业协会及其他社会组织和公众等共同参与的深圳质量共建机制。

第七条 市、区人民政府应当积极推进深圳质量建设，履行下列职责：

（一）按照深圳质量要求制定市、区国民经济和社会发展规划及年度质量提升计划，完善促进质量发展的政策措施；

（二）建立和完善深圳质量建设工作协调机制，推动深圳质量建设全面开展；

（三）完善财政投入机制，为深圳质量创新与发展提供财政保障；

（四）建立和完善质量人才培养、引进和管理机制，引导社会建立质量教育体系；

（五）根据国民经济和社会发展状况，推进深圳质量基础设施和公共服务平台等建设；

（六）建立和完善质量考评机制和深圳质量、深圳标准奖励制度；

（七）依法开展其他质量建设工作。

第八条 建立市、区人民政府质量建设领导工作机制，由市、区人民政府主要负责人以及市、区市场和质量监管、发展改革、经贸信息、科技创新、财政、规划国土、人居环境、卫生计生、人力资源和社会保障、住房建设、城市管理、文体旅游及其他相关部门组成，负责研究、讨论、协调深圳质量建设的重大问题。市市场和质量监管部门作为市人民政府质量建设领导工作机制办事机构，负责深圳质量建设的组织、协调、指导、考核等工作；其他有关部门在各自职责范围内负责深圳质量建设相关工作。

第九条 鼓励和引导企业事业单位发挥深圳质量建设主体作用，开展下列活动：

（一）运用现代质量管理理念和方法，建立和完善质量管理体系，提升质量管理水平；

（二）加强质量技术创新，提供具有核心竞争力、高附加值和自主知识产权的产品和服务；

（三）实施以国际先进水平为目标的标准和品牌战略；

（四）切实履行社会责任，强化诚信自律，保障质量安全，加强环境保护，全面提升经济、环境和社会效益。

第十条 行业协会及其他社会组织应当履行下列责任：

（一）加强质量宣传教育，增强行业质量意识；

（二）积极为会员或者成员单位提供标准、质量、品牌、信用体系建设等方面的服务；

（三）强化行业自律，引导、推动行业质量诚信建设；

（四）法律、法规和章程规定的其他质量建设工作。

第三章　经济质量

第十一条 全面推进经济质量建设，实施创新驱动发展战略，建设国家自主创新示范区和国际科技产业创新中心，推动经济发展从要素驱动向创新驱动转变。

第十二条 引导企业事业单位突出源头技术创新，加强创新成果转化，提高科技成果转化效益，形成一批国际领先的自主知识产权和技术标准。

第十三条 改革科技创新体制机制，建立创新主体动力机制、创新资源配置机制、创新激励保护机制和创新管理服务机制，强化创新、创业、创投、创客政策扶持，建成联动机制。

第十四条 完善开放型区域创新体系，吸引、集聚和共享全球创新资源；促进产学研合作，推进科技、管理、品牌、商业模式创新，鼓励技术、产业、金融、资本跨界融合，构建综合创新生态体系。

第十五条 优化产业发展战略，着力发展先进制造业和现代服务业，提高现代服务业在第三产业中的比重。

第十六条 建设定位准确、布局合理的特色商圈、国际消费中心和网上购物平台，发展信息、文化、教育、健康、旅游、养老服务等领域的新业态，促进消费结构升级。

第十七条 优化投资结构，扩大社会投资，鼓励和引导民间资本进入基础设施建设、市政公用事业、社会事业、金融服务等领域；鼓励民间资本和外资投向战略性新兴产业、高新技术产业、高端制造业、未来产业和现代服务业等领域。政府投资应当重点投向公共服务、重大基础设施、保障和改善民生、促进经济特区一体化等领域。

第十八条 转变外贸发展方式，优化进出口贸易结构，推动加工贸易向研发设计、营销服务升级；发展服务贸易，提高服务贸易在对外贸易中的比重。鼓励企业依法对外投资，开展跨国经营，开拓海外市场，提升国际竞争力。

第十九条 推动传统制造向高端制造转型，突出增量优质、存量优化，完善梯次型现代产业体系，促进信息化与工业化融合。

第二十条 发展生物产业和互联网、新能源、新材料、人工智能、新一代信息技术等战略性新兴产业，全面推动生命健康、海洋、航空航天等未来产业规划和发展，扶持龙头骨干企业，优化中小微企业发展环境，带动产业创新发展。

第二十一条　推动移动互联、大数据、云计算、物联网等与各行各业相融合，催生产业新形态，创新经营新模式。

第二十二条　加快实施"一带一路"政策和倡议，推动中国（广东）自由贸易试验区前海蛇口片区建设，积极参与粤港澳大湾区建设。推动前海深港现代服务业合作区开发开放，创新深港联合推进机制，建设粤港现代服务业创新合作示范区。

第二十三条　建立和完善与国际先进水平接轨的品牌培育、品牌管理工作体系和品牌评价标准体系，引导企业争创国际品牌，加强深圳品牌宣传和推广，提升深圳品牌价值和影响力。

第二十四条　建立和完善市场准入负面清单制度，实行市场宽进严管制度，完善商事制度改革配套制度。加强知识产权保护，完善市场规则体系、监管体系和公平竞争环境。

第四章　文化质量

第二十五条　全面推进文化质量建设，坚持文化立市发展战略和文化强市发展目标，完善公共文化服务体系，加强文化保护，打造文化品牌，提升文化传播力和文化产业竞争力，增强城市软实力。

第二十六条　构建以社会主义核心价值观为引领的城市精神体系，弘扬深圳观念和深圳精神，建设以创新、智慧、包容、力量为特征的城市主流文化，开展公民道德建设和诚信建设，形成向上向善的社会风尚，增强城市凝聚力和市民归属感。

第二十七条 实施关爱行动，完善志愿服务体系；发展义工、社工队伍，推进志愿服务专业化和社工服务职业化，建设志愿者之城。

第二十八条 构建以国际先进城市为标杆的文化品牌体系，举办系列品牌文化节庆和超级赛事等活动，推广深圳原创文艺精品，创新深圳形象标识。

第二十九条 加强保护具有岭南及深圳文化特色和体现改革开放精神的文物，加大非物质文化遗产的保护力度。

第三十条 推进全民阅读等公益性文化活动，持续开展深圳读书月活动，提高市民文化素质。

第三十一条 扶持深圳原创文艺精品创作，实施文艺创作工程，建设国际化的图书馆之城、钢琴之城、设计之都、文化产业基地。

第三十二条 构建以媒体融合发展为标志的现代文化传播体系，打造新型具有强大实力、公信力、传播力和影响力的文化传媒集团，拓展新兴传播平台，实现政务新媒体全覆盖，加强国际传播能力建设，塑造国际化城市形象。

第三十三条 构建以市民文化需求为导向的公共文化服务体系，创新文化服务方式，加强公共文化设施建设，促进基本公共文化服务标准化、均等化，推动公共文化服务数字化、移动化和便捷化。

第三十四条 构建以质量型内涵式发展为特征的现代文化产业体系，创新产业发展模式，推动文化业态创新，促进文化与科技、信息、旅游、体育、金融等产业融合发展，壮大创意人才队伍，建设具有鲜明特色文化创意产业基地，提升文化产业核心竞争力。

第三十五条 推进文化投融资体制改革，鼓励优势文化企业兼并重组，培育文化龙头企业，扶持中小微文化企业发展。建设和完善国家级文化产业发展平台，增强文化产业集聚辐射功能，促进文化繁荣发展。

第五章　社会质量

第三十六条 全面推进社会质量建设，将提升人的发展能力放在突出位置，注重机会公平，保障基本民生，不断提高市民生活水平。

第三十七条 实施积极的就业政策，推动实现更高质量就业。规范人力资源市场，改善就业环境，提升就业公共服务能力，提供就业援助，加强对灵活就业、新就业形态的扶持，鼓励以创业带动就业。

第三十八条 建立和完善工资正常增长机制和最低工资标准评价制度，根据经济发展、物价变动等因素，适时调整最低工资标准，提高居民人均可支配收入水平。

第三十九条 全面提升教育事业发展质量，优化教育资源配置，促进基础教育优质、均衡发展。创新发展高等教育，推进综合性大学和特色学院同步发展，培养创新型、研究型人才。加强职业教育与培训，培养技术技能人才，提高劳动年龄人口平均受教育年限。创新发展继续教育，构建市民终身教育培训体系，推动各类学习资源开放共享，发展在线教育和远程教育，整合各类数字教育资源向社会提供相关服务。

第四十条 促进医疗卫生资源均衡配置，完善区域医疗卫生服务规划，建立完善分级诊疗和基层医疗服务体系，引进名医、著名医疗机构和著名医疗科研机构等优质资源，强化行业监管，保障医疗安全，提高医疗服务质量，增进居民健康。

第四十一条 以国际先进标准为目标，建立和完善食品药品深圳标准体系，强化源头治理；严格食品药品准入、检测、监督检查和责任追究制度，实行全产业链可追溯管理；强化食品药品风险监测，防范行业性、系统性和区域性安全风险，完善食品药品安全治理体系，保障食品药品安全。

第四十二条 以购买和租赁并举的住房制度为主要方向，完善住房公积金制度和住房货币化补贴制度，建立高质量、广覆盖、多元化、多层次的住房保障体系。引导和规范社会资本参与保障性住房建设和运营，完善保障性住房管理机制。

第四十三条 完善基本养老、医疗、失业、工伤、生育等社会保险制度，扩大社会保险覆盖面，提高社会保险待遇。完善困难群体社会救助制度，加强社会救助制度与其他社会保障、专项救助与低保救助统筹衔接。加快发展养老服务业，建立和完善以居家为基础、社区为依托、机构为补充的多层次社会化养老服务体系。

第四十四条 鼓励依法设立社会慈善组织，健全经常性社会捐助机制，开展社会救济和社会互助、志愿服务活动，推进慈善事业发展。

第四十五条 创新社会治理模式，构建政府主导、社会协同、公众参与、法治保障的社会治理体制，实现政府管理和社会调节、居民自治良性互动。加强各类社会组织培育、规范和监督，鼓励其依法参与社会治理和公共服务。加强社工人才队伍建设，逐步建立包括社工人才培养、选拔、使用、流动、评价和激励等方面的制度体系。拓宽志愿服务领域，创新志愿服务方式，促进志愿服务常态化、制度化，推动志愿服务事业发展。

第四十六条 提高安全生产水平和防灾、减灾、救灾能力，完善隐患排查治理和预防控制体系，提高灾害预警和应急处置能力，保障城市安全发展。

第四十七条 发挥人大代表、政协委员、人民团体、社会组织等诉求表达功能，完善调解、仲裁、行政裁决、行政复议、诉讼等有机衔接、相互协调的多元化纠纷处理机制，保障群众合法权益得到有效维护。

第六章　生态质量

第四十八条 全面推进生态质量建设，坚持绿色低碳理念，提高资源利用效率，不断改善生态环境质量，弘扬生态文明，实现人与自然和谐发展。

第四十九条 推进能源消费改革。实施全民节能行动计划，全面推进工业、建筑、交通运输、公共机构等领域节能，开发、推广节能技术和产品，推动能源管理、计量体系和能耗在线监测系统建设，开展能源评审和绩效评价。健全节能、节水、节地、节材标准体系，提高建筑节能标准，实现重点行业、设备节能标准全覆盖。

第五十条 完善环境功能区划，强化源头保护，严格环保准入，严控污染排放。加强环境监管，建立和完善生态环境形势分析制度、责任追究制度、损害赔偿和处罚制度。完善区域环保合作机制，加强环保信息共享和跨界污染协调治理，提高区域环境污染突发事件应急处理能力。

第五十一条 改善大气环境质量，制定空气质量达标计划，综合治理工业废气和机动车尾气，提高车用燃油和机动车污染物排放标准，加强烟尘、扬尘、粉尘和各类颗粒物的污染控制，完善空气质量监测和信息发布制度。加强水环境质量治理，建立水资源利用和保护体系。完善骨干污水处理设施，提高污水处理出水水质标准和污水处理率；高标准规划和改善排水管网建设，提高城市蓄水排水能力；加强河流和近海水域综合治理，改善河流和近海水域水质。加强固体废物综合处理，推进城市固体废物的资源化、无害化、减量化处理；推进垃圾减量分类和餐厨垃圾的回收利用，提高垃圾无害化处理率。

第五十二条 完善低碳发展规划，加强低碳技术创新与应用，完善碳排放权交易机制，建设低碳标准体系，完善产品碳标识、能效标识、生态标识制度，建立低碳认证制度和企业低碳管理评价认证体系。

第七章　城市建设管理质量

第五十三条 全面提升城市建设管理质量，转变城市发展方式，建设规划合理、功能完善、管理精细、合作紧密的现代化国际化创新型城市。

第五十四条 科学编制城市规划，形成布局合理、特色鲜明、配套完备、生态和谐的发展格局。

完善规划管理制度，构建适应存量土地开发利用的新型规划管理制度体系。完善法定图则制度，强化规划的可实施性，提升规划管理效能。

第五十五条 改革土地管理制度，完善以规划实施为导向的建设用地管理机制，探索高度城市化地区土地开发利用新模式，建立供应引导需求模式下的土地利用计划管理制度，提升土地利用效益。

第五十六条 持续推进经济特区一体化，加大基础设施薄弱区域的建设力度，推进各区域在基础设施、城市管理、公共交通、环境保护等方面协调发展；推进新型功能区的建设，促进区域整体性开发、组团式发展。

第五十七条 加快推进城市更新改造，促进土地节约集约利用；优化产业结构，完善公共基础设施，提升城市功能，增进公共利益。

第五十八条 完善建设工程质量管理体系，推进建筑产业现代化，提升建设工程标准化、工业化、信息化、低碳化和精细化水平，打造深圳建设工程质量品牌。

第五十九条 按照统一规划、统一建设、统一管理的原则，建设和完善新一代信息基础设施；推进物联网、云计算、智能电网以及交通、水电等基础设施的智能化改造，打造万物互联国际先进智慧城市。

第六十条 加强交通基础设施建设，形成布局合理、衔接顺畅的综合交通体系；推行交通服务标准化；治理交通拥堵，提高交通运营和管理水平，实现城市交通效率的整体提升。实施公交优先战略，改善公交基础设施，优化公交线路，促进公交均衡发展，打造以轨道交通为主的一体化公交体系。发展智能交通，推广使用新能源汽车，完善新能源汽车配套设施，建设绿色交通运行体系。

第六十一条 加强水资源调度配置，建立覆盖全市、互通互联、分片调蓄的供水水源网络和安全优质的供水网络，保持全市集中式饮用水水源水质持续稳定达标。优化能源利用结构，实施以引进天然气为主的石油替代战略，加强燃气管网建设，发展智能电网。

第六十二条 完善城市管理综合执法体制，创新城市管理手段，完善数字化管理系统，提高城市信息化管理水平。

建立精细化城市管理考核体系，营造洁净、有序、文明的城市环境。

第八章　政府服务质量

第六十三条 全面推进政府服务质量建设，运用法治思维和法治方式，全面履行政府职能、提升服务质量、提高行政效能，建设法治政府和廉洁政府。

第六十四条 加快推进政府职能转变，建立健全权力清单、责任清单、负面清单制度，划定政府与市场、社会的权责边界。深化行政审批制度改革，减少政府直接管理、微观干预和事前审批，缩减审批范围；强化间接管理、宏观调控和事中事后监管，提升管理效率。

第六十五条 推进政府机构改革，优化政府组织架构，规范机构和职能设置，深化大部制改革，建立适应经济社会发展和市场经济体制要求的政府运行体制。

第六十六条 完善法治政府建设指标体系，推进政府运行法治化；完善依法决策机制，建立和完善政府重大决策专家论证、公示、听证和风险评估制度；规范行政执法行为，提高行政执法水平。完善政府法律顾问制度，发挥法律顾问在政府制定重大行政决策、推进依法行政中的积极作用。

第六十七条 完善政府服务平台和体系建设，创新政府服务方式，推进政府服务标准化、信息化建设，按照公开透明、公平公正、高效便捷的原则，全面提升政府服务质量。

第六十八条 市、区人民政府应当完善财政收支监管制度，推进政府部门预算、决算信息公开，完善预算绩效管理制度。

第六十九条 完善政府绩效管理制度，优化绩效评估标准和程序，加强绩效评估结果运用，完善激励约束机制，提升政府执行力。

第七十条 完善政府内部权力制约机制，强化内部流程控制和层级监督。

第七十一条 强化监察和审计等专门监督机制，完善电子监察平台，加强廉政风险防控，落实责任追究制度。

第九章　深圳标准

第七十二条 市人民政府应当积极推动实施国家标准化战略，加快完善和优化深圳标准体系，提升深圳标准化水平，为深圳质量建设提供有力的技术支撑。市市场和质量监管部门及相关部门应当积极组织落实标准化战略的各项具体措施，加强深圳标准制定的组织、引导和服务，强化深圳标准实施与监督，提高标准化效益。

第七十三条 本条例所称深圳标准是指由市标准化行政主管部门、企业事业单位、行业协会及其他社会组织制定的有关经济、文化、社会、生态、城市建设管理和政府服务等各个方面的先进标准及规范的集合，是深圳质量的量化与规范。

第七十四条 没有国家标准、行业标准和广东省地方标准，需要统一技术和管理要求的，市市场和质量监管部门可以结合实际，借鉴国际先进标准，制定引领性、创新性的深圳地方标准。已经有国家标准、行业标准或者广东省地方标准的，市市场和质量监管部门可以结合实际，制定高于国家标准、行业标准或者广东省地方标准的深圳地方标准。

第七十五条 鼓励企业制定实施高于国家标准、行业标准、广东省地方标准的企业标准。市市场和质量监管部门应当建立和完善企业产品和服务标准自我声明公开制度，搭建标准信息公共服务平台，鼓励和引导企业依法向社会公开产品和服务标准。企业执行的产品标准应当向社会公开；鼓励企业将执行的服务标准向社会公开。

第七十六条 鼓励相关协会、商会、产业技术联盟以及学会、联合会等社会组织以国际先进标准为目标，组织制定和发布团体标准。

第七十七条 鼓励和引导国家机关、企业事业单位及社会组织通过标准化手段加强内部管理，提升管理和服务质量。

　　第七十八条　市市场和质量监管部门可以建立深圳标准认证和标识制度，对达到先进性要求的标准和符合该标准的产品或者服务赋予深圳标准标识权，引导社会以高标准促进高质量。

　　第七十九条　创新标准化工作管理体制，形成标准化工作协同推进机制，建立深圳标准考核评估体系。积极拓展标准研发服务，支持标准技术专业机构为企业和相关单位制定、实施深圳标准提供技术和咨询服务。

　　第八十条　鼓励和引导国家机关、企业事业单位及社会组织采用深圳标准和国际先进标准。对提供符合深圳标准的产品和服务的企业事业单位，市、区人民政府应当采取适当措施予以鼓励、扶持。

　　第八十一条　结合重点产业和领域加强科技产业创新，加大标准成果化和成果产业化工作力度，推动经济发展方式转变，提升可持续发展能力和水平。

　　第八十二条　推动标准化国际合作，建立信息通报、标准比对和共同制定国际标准等合作交流机制，不断提升深圳标准国际化水平。积极参与国际标准化工作，培养国际标准化人才，推动深圳企业和科研院所实质性参与国际标准的制定。

第十章　保障措施

　　第八十三条　加强质量理论创新研究，逐步完善深圳质量理论支撑；吸纳国内外高端研究资源，发挥深圳研究机构优势，加快质量创新基地建设；坚持理论与实践相结合、科研机构与政府部门相配合、宏观引导与基层创造相促进，形成深圳质量理论创新体系。

第八十四条　市人民政府应当归集经济、文化、社会、生态、城市建设管理和政府服务方面的质量信息，建立深圳质量大数据平台，加快推动数据资源开放、共享和开发应用。

第八十五条　完善以市长质量奖为重点的质量奖励制度，对在推动深圳经济、文化、社会、生态、城市建设管理和政府服务质量建设方面取得突出成效的组织、项目和个人给予表彰和奖励。

第八十六条　创新质量统计方法，建立和完善深圳质量指数并纳入地方统计，建立深圳质量信息统计分析制度，定期发布深圳质量统计报告。

第八十七条　支持质量技术服务行业发展，构建支撑深圳质量建设的技术服务体系。加强质量基础设施建设，建设国内、国际先进的质量、标准、计量等科技支撑体系和公共服务体系，加强标准研究服务机构建设，提升标准研究和服务能力，推进检验检测认证结果的政府采信和国际互认，提高标准、检验检测、认证、计量等集成配套服务能力。

第八十八条　市人民政府应当推进信用信息共建共享，建立信用信息披露和诚信档案制度，加快完善各类市场主体和社会成员信用记录，完善守信激励和失信惩戒机制；依法推进信用信息在采集、共享、使用、公开等环节的分类管理，加强涉及个人隐私和商业秘密的信用信息保护。推进信用信息标准化建设，推动信用信息系统互联互通。建立公共和社会信用服务机构互为补充、信用信息基础服务和增值服务相结合的多层次信用服务体系。

第八十九条　积极开展质量建设宣传教育活动，推广质量文化，弘扬质量精神，提升全民质量意识。

每年9月为深圳质量月，集中开展深圳质量建设宣传活动。

第九十条　加强质量问题发现和处理的机制建设，建立和完善质量问题投诉处理、跟踪评价和公示制度；动员企业事业单位、行业协会及其他社会组织和公众积极参与对质量建设中存在问题的发现和处理，充分发挥消费者对质量提升的监督作用，形成推动深圳质量建设的强大合力。

第九十一条 加强质量、标准、检验检测、认证人才的引进、培养和管理；引导和鼓励企业推行首席质量官制度，承担企业产品和服务质量监管责任。

第九十二条 统筹发挥市、区财政性专项资金在深圳质量建设中的支持和保障作用，提高资金使用效益。鼓励社会力量设立质量公益基金，为质量建设技术交流、成果转化、文化推广等活动提供资金支持。

第九十三条 建立和完善质量评价考核制度，形成责任落实机制，加大对质量违法、违规行为的惩治力度。市人民政府各部门、区人民政府质量建设工作纳入政府绩效考核范围，市人民政府各部门、区人民政府及有关单位未履行相关职责的，依照有关规定予以问责；企业事业单位在质量建设活动中违反有关法律、法规规定的，依法追究责任。

第九十四条 市人民政府应当定期发布深圳质量建设白皮书，全面总结标准、质量、品牌、信誉一体化建设推进情况，分析深圳质量建设存在的问题并提出对策措施。

第九十五条 市人民代表大会常务委员会通过听取和审议专项工作报告、开展执法检查等方式对深圳质量建设情况依法进行监督。

第十一章 附 则

第九十六条 本条例所称的区，包括光明、大鹏等管理区。

第九十七条 本条例自 2017 年 7 月 1 日起施行。

深圳经济特区知识产权保护条例

（2018年12月27日深圳市第六届人民代表大会常务委员会第二十九次会议通过　根据2020年6月30日深圳市第六届人民代表大会常务委员会第四十二次会议《关于修改〈深圳经济特区知识产权保例〉的决定》修正）

第一章　总　则

第一条　为了加强知识产权保护工作，激发创新活力，建设现代化国际化创新型城市，打造具有世界影响力的创新创意之都，根据法律、行政法规的基本原则，结合深圳经济特区（以下简称特区）实际，制定本条例。

第二条　特区知识产权保护工作机制、行政执法、司法保护、公共服务、自律管理、信用监管等适用本条例。

本条例所称知识产权，是指权利人依法就下列客体享有的专有的权利：

（一）作品；

（二）发明、实用新型、外观设计；

（三）商标；

（四）地理标志；

（五）商业秘密；

（六）集成电路布图设计；

（七）植物新品种；

（八）法律规定的其他客体。

第三条　深圳市人民政府（以下简称市人民政府）以及各区人民政府应当将知识产权保护工作纳入国民经济和社会发展规划，加强知识产权保护的教育、培训、宣传、行政执法和经费保障，完善知识产权保护工作机制，营造崇尚创新、诚信守法的知识产权保护环境。

第四条　市人民政府知识产权主管部门（以下简称市主管部门）负责知识产权保护工作的统筹协调与组织实施，依法履行知识产权保护工作职责。

发展改革、工业和信息化、科技创新、财政、文化广电旅游体育、公安、司法行政、海关等依法负有知识产权保护工作职责的管理部门，根据有关法律、法规以及本条例的规定，履行知识产权保护工作职责。

第五条　市主管部门应当每年发布知识产权保护工作情况报告。

第六条　建立和完善多元化知识产权纠纷处理机制，实现知识产权行政执法、司法审判、仲裁、调解等工作的有效衔接。

第七条　中国（广东）自由贸易试验区深圳前海蛇口片区和深港科技创新合作区可以在创新知识产权保护工作机制和纠纷处理、涉外维权、综合执法等方面先行先试，提供便捷高效服务，建设知识产权保护工作示范区，其探索成果条件成熟时可以在全市推广。

第八条　市人民代表大会常务委员会应当加强对知识产权保护工作的监督，听取市人民政府有关知识产权保护工作的专项报告。

第二章　工作机制

第九条　市人民政府应当加强与粤港澳大湾区其他城市的知识产权保护交流与合作，推动知识产权保护跨境协作、纠纷解决、信息共享、学术研究、人才培养等工作。

第十条　市人民政府设立市知识产权联席会议，建立知识产权保护工作协调机制，推动解决知识产权保护工作中的重大问题。

联席会议由市人民政府负责人召集，每年至少召开一次。联席会议的日常工作由市主管部门承担。

第十一条　完善知识产权工作情况通报制度。联席会议成员单位发现属于其他部门管辖的知识产权案件线索时，应当及时书面通报有管辖权的部门。

有管辖权的部门接到通报后，应当依法及时查处。

第十二条　市、区人民政府应当建立知识产权评议制度，对重大产业规划、重大政府投资项目以及重大经济科技活动进行知识产权评议，提高创新效率，防范知识产权风险。

第十三条　市人民政府应当建立知识产权保护工作考核机制，对区人民政府、市主管部门以及其他管理部门依法履行知识产权保护工作职责的情况进行考核。

市、区人民政府应当按照有关规定对在知识产权保护工作中作出突出贡献的集体和个人给予表彰。

第十四条　市主管部门以及其他管理部门应当根据知识产权保护工作的需要，开展知识产权保护专项行动，加大宽带移动互联网、云计算、物联网、大数据、高性能计算、移动智能终端等新领域新业态知识产权保护力度。

第十五条　公安机关应当依法履行知识产权保护工作职责，加大对知识产权犯罪行为打击力度，并协同市主管部门以及其他管理部门开展相关行政执法工作。

第十六条　公安机关对于移送的涉嫌知识产权犯罪案件，应当在规定时限内决定是否受理，并书面告知移送案件的部门。经审查不属于其管辖的，应当转送有管辖权的部门，并书面告知移送案件的部门。

公安机关受理的涉嫌知识产权犯罪案件，涉案物品在提取证据依法封存后，具备条件的可以交市公物仓保管。

第十七条　公证机构对符合法律、法规规定的知识产权证据保全公证申请，应当自受理公证申请之日起五个工作日内向当事人出具公证书。但是，因不可抗力、需要补充证明材料或者核实有关情况的，所需时间不计算在期限内。

公证机构违反前款规定的，由市司法行政部门予以警告；情节严重的，处以二万元以上五万元以下罚款。

第十八条　除涉嫌知识产权犯罪的案件外，市主管部门以及其他管理部门在知识产权案件立案前或者立案后，可以自行或者委托相关组织进行调解。权利人提出给予损失数额五倍以内赔偿的，可以予以支持。立案前达成调解协议并履行完毕的，可以不予立案。立案后达成调解协议并履行完毕的，可以依法从轻、减轻处罚；没有损害第三人合法权益和公共利益的，可以免除处罚。

第十九条　市人民政府设立的知识产权保护中心履行下列职责：

（一）承担国家知识产权主管部门委托的知识产权申请受理、快速审查和快速确权工作；

（二）宣传推广知识产权相关知识，促进企业知识产权自主创新；

（三）提供知识产权保护业务咨询、分析预警、维权指引、快速维权、政策研究等公益性服务；

（四）建立行政机关、司法机关、仲裁机构、调解组织和公证机构等共同参与的知识产权一站式协同保护平台，加强知识产权行政执法、纠纷调解、司法确认、鉴定评估、存证固证、仲裁、公证、法律服务等工作的衔接和联动；

（五）对知识产权保护工作提出意见和建议；

（六）市人民政府规定的其他职责。

区人民政府可以根据知识产权保护工作的实际需要，设立区知识产权保护公共服务机构。

第二十条　市人民政府应当建立技术调查官制度，配备技术调查官，为知识产权行政执法活动提供专业技术支持，履行下列职责：

（一）对技术事实调查范围、顺序、方法等提出意见；

（二）参与调查取证，并对其方法、步骤和注意事项等提出意见；

（三）提出技术调查意见；

（四）完成其他相关工作。

为知识产权行政执法配备技术调查官的具体办法由市人民政府另行制定。

第二十一条　市中级人民法院可以配备技术调查官，为知识产权案件审理活动提供专业技术支持，履行下列职责：

（一）对技术事实调查范围、顺序、方法等提出意见；

（二）参与调查取证、勘验、保全，并对其方法、步骤和注意事项等提出意见；

（三）参与询问、听证、庭前会议、开庭审理；

（四）提出技术调查意见；

（五）协助法官组织鉴定人、相关技术领域的专业人员提出意见；

（六）根据需要列席合议庭评议等有关会议；

（七）完成其他相关工作。

为知识产权案件审理配备技术调查官的具体办法由市中级人民法院另行制定。

第三章　行政执法

第二十二条　市主管部门以及其他管理部门查处知识产权案件时，可以采取下列措施：

（一）现场检查；

（二）查阅、复制、暂扣或者封存当事人的经营记录、网络销售记录、票据、财务账册、合同等资料；

（三）要求当事人在规定期限内对案件事实进行说明并提交相应材料；

（四）查封、扣押、登记、保存涉嫌侵权的产品、物品；

（五）采用测量、拍照、摄像等方式进行现场勘查；

（六）涉嫌侵犯他人方法专利权的，要求当事人进行现场演示，但是应当采取保护措施，防止泄密，并固定相关证据。

第二十三条　市主管部门以及其他管理部门在知识产权行政执法过程中，需要技术支持的，可以邀请行业协会、知识产权服务机构等派员协助现场调查取证。

邀请协助现场调查取证的，市主管部门以及其他管理部门应当对涉案信息采取保护措施，防止泄密。协助调查取证人员与案件有利害关系的，应当回避。

第二十四条　知识产权侵权行为违法经营额按照下列方法计算：

（一）侵权产品已全部销售的，价值按照实际销售价格计算；

（二）侵权产品已部分销售、部分未销售（含制造、储存、运输中）的，已销售的侵权产品价值按照实际销售价格计算，未销售的侵权产品价值按照已销售的侵权产品的实际销售平均价格计算；

（三）侵权产品未销售（含制造、储存、运输中）的，价值按照标价计算；没有标价或者标价明显与产品价值不符的，按照被侵权产品的市场中间价格计算；

（四）侵权产品无实际销售价格或者无法查清实际销售价格的，按照被侵权产品的市场中间价格计算。

前款所称违法经营额是指侵权人在实施侵犯他人知识产权行为过程中，制造、储存、运输、销售侵权产品的价值；前款第三项所称标价包含已经签订的供货合同、销售合同中确定的供货价格和销售价格，但是单纯收取加工费的来料加工合同中的合同价格除外。

第二十五条　被侵权产品属于不进行市场单独销售的配件或者产品组成部分的，可以按照权利人生产、制造、加工的成本价格计算违法经营额；无法确定成本价格的，可以按照更换、维修价格计算违法经营额。

被侵权产品只在境外销售的，按照离岸价格计算违法经营额；无法查明离岸价格的，可以参考同类合格产品的国际市场中间价格或者国内市场中间价格计算违法经营额。

侵权人在不同时间多次实施侵权行为，未经行政处理的，其违法经营额应当累计计算。

第二十六条　被侵权产品的市场中间价格按照被侵权人已公布的同种产品官方指导零售价格确定，没有公布官方指导零售价格的，按照下列方法确定：

（一）同一市场有多个商家销售同种被侵权产品的，抽样调取其中若干商家的零售价，取其平均值确定市场中间价格；只有一个商家销售的，按该商家的零售价确定市场中间价格；

（二）市场没有同种被侵权产品销售的，按照此前市场同种被侵权产品销售的中间价格确定，或者按照市场有销售的与侵权产品在功能、用途、主要用料、设计、配置等方面相同或相似的同类被侵权产品的市场中间价格确定；

（三）以许可方式分销的，按照许可费确定；分销给多个被许可人的，按照许可费的平均值确定。取得许可的权利人未再许可他人使用的，按照其取得许可的许可费确定，或者参照其他权利人的同一或者同类分销产品的许可费平均值确定。

按照前款规定难以确定市场中间价格的，可以由价格鉴定机构鉴定后确定，也可以由市主管部门或者其他管理部门结合前款规定，按照有利于权利人的原则予以确定。

第二十七条 市主管部门以及其他管理部门在查处知识产权侵权案件时，涉嫌侵权人无正当理由拒不提供或者逾期未提供相关证明材料的，根据查明的事实认定构成侵权后，可以对侵权人从重处罚。

第二十八条 权利人或者利害关系人投诉知识产权侵权行为，市主管部门或者其他管理部门对有证据证明存在侵权事实的，可以先行发布禁令，责令涉嫌侵权人立即停止涉嫌侵权行为，并依法处理。发布禁令前，可以要求权利人或者利害关系人提供适当担保。经调查，侵权行为不成立的，应当及时解除禁令。

涉嫌侵权人对禁令不服的，可以依法申请行政复议或者提请行政诉讼。

涉嫌侵权人拒不执行禁令停止涉嫌侵权行为，经认定构成侵权的，按照自禁令发布之日起的违法经营额的两倍处以罚款。违法经营额无法计算或者违法经营额五万元以下的，处以三万元以上十万元以下罚款。

第二十九条 市主管部门或者其他管理部门依照本条例第二十八条规定发布禁令之后，可以根据需要通知电子商务平台经营者在规定期限内采取删除、屏蔽、断开链接、终止交易和服务等必要措施协助执行禁令，接到通知的电子商务平台经营者应当及时予以配合。

接到通知的电子商务平台经营者无正当理由拖延、拒绝配合执行禁令的，由市主管部门或者其他管理部门依照《中华人民共和国电子商务法》的相关规定予以处罚。

第三十条 侵权人因侵犯他人知识产权受到罚款处罚后，自行政处罚决定书生效之日起五年内再次侵犯同一知识产权，或者五年内三次以上侵犯他人知识产权的，市主管部门以及其他管理部门可以按照有关法律、法规规定的相应罚款数额予以双倍处罚。

<h2 style="text-align:center">第四章　司法保护</h2>

第三十一条　人民法院、人民检察院、公安机关应当依法履行知识产权保护职责，在办理知识产权案件中分工负责，互相配合，强化知识产权司法保护。

加强知识产权行政执法与刑事司法衔接，建立行政机关和司法机关信息共享、案件移送、协调配合、监督制约、责任追究等工作机制，保证涉嫌知识产权犯罪案件依法及时进入司法程序。

第三十二条　人民法院、人民检察院、公安机关应当依照有关规定协商统一知识产权刑事案件的立案、追诉和裁判标准，并向社会公开。

第三十三条　人民法院应当深入推进知识产权民事、刑事、行政案件"三合一"审判机制改革。

人民法院可以对外观设计类以及部分实用新型类案件实行集中快速审理，提高专利侵权纠纷案件审判效率。

人民法院应当建立健全全领域知识产权保护案例指导机制和重大案件公开审理机制。

第三十四条　人民法院审理知识产权民事案件，主张权利的一方已经尽力举证，且提供了另一方持有相关证据的初步证据时，人民法院可以责令另一方提供其所掌握的相关证据；另一方无正当理由拒不提供或者提供虚假证据的，人民法院可以推定主张权利的一方关于该证据的主张成立。

第三十五条　在知识产权民事诉讼中，当事人及其代理诉讼的律师因客观原因不能自行收集证据时，代理诉讼的律师可以申请人民法院签发调查令，由代理诉讼的律师持调查令向接受调查的单位、组织或者个人调查收集相关证据。有关单位、组织或者个人应当予以配合。

接受调查的单位、组织或者个人无正当理由拖延、拒绝调查的，人民法院可以根据情节轻重，依照《中华人民共和国民事诉讼法》有关妨害民事诉讼的规定予以处罚。

第三十六条　故意侵犯知识产权情节严重的，由人民法院依照国家法律的规定决定适用惩罚性赔偿。有下列情形之一的，可以在国家法律规定的幅度内，从重确定惩罚性赔偿数额：

（一）与权利人之间的代理、许可关系终止后未经权利人同意继续实施代理、许可行为构成侵权并给权利人造成重大损失；

（二）拒不履行人民法院行为保全裁定继续实施相关侵权行为；

（三）在人民法院作出认定侵权行为成立的裁决后再次实施相同侵权行为；

（四）拒不执行本条例第二十八条规定的禁令，导致权利人损失扩大；

（五）在行政机关作出认定侵权行为成立的行政处理决定后再次实施相同侵权行为；

（六）其他需要从重确定惩罚性赔偿数额的情形。

第五章　公共服务

第三十七条　市主管部门应当加强知识产权信息化建设，建立知识产权保护综合信息库，实现行政机关、司法机关、行业协会、知识产权服务机构之间信息共享，为知识产权保护提供政策指导、技术咨询、信息情报等公共服务。

市主管部门应当建立知识产权纠纷网上处理机制。

第三十八条　市主管部门以及其他管理部门应当建立健全知识产权预警和引导机制，加强知识产权发展现状、趋势和竞争态势的监测、研究，为相关产业和企业及时提供预警和引导服务。

对于具有重大影响的知识产权事件，市主管部门以及其他管理部门应当及时向社会公布并就可能产生的风险发出预警。

第三十九条　市主管部门应当会同相关部门制定知识产权服务业发展规划，鼓励和支持知识产权咨询、培训、代理、鉴定、评估、运营、大数据运用等知识产权服务业发展。

第四十条　市主管部门应当组织开展公益性知识产权专业培训，加强知识产权人才培养。

培训可以委托高等院校、科研机构、相关行业协会和知识产权服务机构等承办。

第四十一条　市主管部门以及其他管理部门应当加强知识产权法律、法规的宣传教育，普及知识产权相关知识，增强全社会知识产权保护意识。

第四十二条　市主管部门会同司法行政部门提供知识产权保护相关法律咨询、代理、法律援助、公证、司法鉴定、法律专业培训等公共法律服务。

公共法律服务可以通过购买服务的方式提供。

第四十三条　市主管部门会同有关部门加强对高等院校、科研机构、行业协会、知识产权服务机构以及高新技术企业等相关单位的知识产权管理指引，引导其建立和完善内部保护机制。

市主管部门应当会同有关部门编制发布企业知识产权保护指南，制定合同范本、维权流程等操作指引，鼓励企业加强风险防范机制建设。

第四十四条　支持仲裁机构、人民调解组织以及商事调解、行业调解组织开展知识产权纠纷仲裁、调解，公平、高效处理知识产权纠纷。

鼓励行业协会、知识产权服务机构等建立知识产权纠纷解决机制，为当事人提供便捷、高效的知识产权纠纷处理服务。

市主管部门、司法行政部门应当对行业协会、知识产权服务机构等建立知识产权纠纷处理机制提供必要的支持和指导。

第四十五条　市人民政府应当加强境外知识产权保护协助工作，建立境外维权援助服务平台，发挥国家知识产权海外维权应对指导中心深圳分中心作用，提供境外知识产权纠纷应对指导，健全境外知识产权纠纷预警防范机制，跟踪境外知识产权法律修改变化动态，及时发布风险预警提示信息，为企业和其他组织在境外处理知识产权纠纷提供专家、信息、法律等方面的支持。

支持重点行业、企业建立知识产权境外维权联盟，促进联盟成员在知识产权保护领域的交流与合作。

鼓励保险机构开展知识产权境外侵权责任险、专利执行险、专利被侵权损失险等保险业务。

第四十六条　支持行业协会、知识产权服务机构等建立知识产权保护服务平台，提供对外投资、参加展会、招商引资、产品或者技术进出口业务的知识产权状况检索、查询等服务。

支持行业协会、知识产权服务机构等开展知识产权托管业务。

第四十七条　支持志愿者组织以及志愿者参与知识产权保护相关活动，调动社会力量参与知识产权保护治理。

第六章　自律管理

第四十八条　企业事业单位应当提高知识产权保护意识，建立健全知识产权保护制度，强化合规管理，增强自我保护能力。

第四十九条　企业可以与员工签订商业秘密保密协议，约定双方在保守本企业和第三人商业秘密方面的权利义务。

第五十条　企业事业单位在开展对外投资、参加展会、招商引资、产品或者技术进出口业务时，应当及时检索、查询有关国家或者地区的相关知识产权情况。

第五十一条　鼓励建立知识产权相关行业协会和产业联盟。

行业协会、产业联盟应当指导和帮助会员、联盟成员提高知识产权保护意识，建立和完善知识产权保护制度，为会员、联盟成员提供知识产权保护业务培训、信息咨询、预警、维权援助等服务。

第五十二条　鼓励和支持知识产权相关行业协会、产业联盟制定知识产权保护公约，规范会员、联盟成员的行为，尊重和保护知识产权。

知识产权相关行业协会、产业联盟可以根据章程或者公约对侵犯他人知识产权的会员、联盟成员进行规劝惩戒，并将规劝惩戒情况通报市主管部门。

第五十三条　推动建立知识产权合规性承诺制度。

参加政府投资项目、政府采购和招标投标、政府资金扶持、表彰奖励等活动的，应当向有关主管部门提交未侵犯他人知识产权的书面承诺，并在签订协议时约定违背承诺的责任。

鼓励自然人、法人和非法人组织在合同中约定知识产权合规性承诺的内容以及相应的违约责任。

第五十四条　电子商务平台经营者应当建立知识产权侵权投诉处理机制，加强知识产权保护。

电子商务平台经营者处理实用新型和外观设计专利侵权投诉时，可以运用国家知识产权主管部门出具的专利权评价报告快速处理。

第五十五条　展会主办单位和承办单位应当依法维护知识产权权利人的合法权益。

展会主办单位或者承办单位应当要求参展方提交未侵犯他人知识产权的合规性书面承诺，必要时可以要求参展方提供知识产权相关证明文件，对参展项目的知识产权状况进行合规性审查。

参展方未提交书面合规性承诺或者未按照要求提供知识产权相关证明文件的，展会主办单位或者承办单位不得允许其参加展会特定活动或者可以取消其参展资格；参展方提供虚假书面合规性承诺或者违背合规性承诺的，展会主办单位或者承办单位应当取消其参展资格并清理出场。

第五十六条　展会举办时间三天以上的，展会主办单位或者承办单位应当自行或者与仲裁机构、行业协会、知识产权服务机构等设立展会知识产权纠纷处理机构，并在展会显著位置予以公示。

展会主办单位、承办单位或者其设立的展会知识产权纠纷处理机构认为参展产品构成侵权，参展方无法在限定时间内证明未侵权的，展会主办单位或者承办单位应当立即责令参展方撤下参展的侵权产品，并移送市主管部门或者其他管理部门依法处理。

第五十七条　参展方在同一展会主办单位举办或者承办单位承办的展会活动上再次侵犯他人知识产权，或者在展会期间两次以上侵犯他人知识产权的，展会主办单位或者承办单位应当在两年内禁止该参展方参加其举办或者承办的展会活动。

第五十八条　展会主办单位或者承办单位违反本条例第五十五至五十七条规定的，由市主管部门或者其他管理部门责令改正；拒不改正或者情节严重的，责令停办展会。

第七章　信用监管

第五十九条　市主管部门应当建立健全知识产权信用评价、诚信公示和失信联合惩戒机制，将自然人、法人和非法人组织的下列知识产权失信违法信息纳入公共信用信息系统：

（一）知识产权司法裁判和行政处罚；

（二）涉嫌侵犯他人知识产权，隐匿证据、拒不接受调查，妨碍行政执法；

（三）在政府投资项目、政府采购和招标投标、政府资金扶持、表彰奖励等活动中被认定侵犯他人知识产权；

（四）在政府投资项目、政府采购和招标投标、政府资金扶持、表彰奖励等活动中提供虚假知识产权申请材料或者违背知识产权合规性承诺；

（五）其他应当纳入的侵犯他人知识产权的信息。

第六十条　市、区人民政府及其职能部门在开展与知识产权相关的政府投资项目审批、政府采购和招标投标、政府资金扶持、表彰奖励等行政管理活动时，应当查询相关自然人、法人和非法人组织的知识产权公共信用状况。

自然人、法人和非法人组织有下列情形之一的，五年内不得承接政府投资项目、参加政府采购和招标投标、申请政府相关扶持资金和表彰奖励：

（一）提供虚假知识产权申请材料的；

（二）拒不执行生效的知识产权行政处理决定或者司法裁判的；

（三）侵犯他人知识产权构成犯罪的；

（四）有其他侵犯他人知识产权的行为造成重大社会影响的。

有前款规定情形且情节特别严重的，可以永久性禁止其承接政府投资项目、参加政府采购和招标投标、申请政府相关扶持资金和表彰奖励。

第六十一条　建立知识产权失信违法重点监管名单制度。

市主管部门可以根据自然人、法人和非法人组织知识产权失信违法严重程度，确定重点监管名单，并向社会公布。

第六十二条　权利人或者利害关系人对公共信用信息系统披露的知识产权相关信息有异议的，可以提出异议申请，并提交相关证据，由有关部门按照公共信用信息管理的相关规定处理。

第八章　附　则

第六十三条　本条例自 2019 年 3 月 1 日起施行，2008 年 4 月 1 日市人民代表大会常务委员会通过的《深圳经济特区加强知识产权保护工作若干规定》同时废止。

结　语

　　一座城市的创新能力的强弱不仅取决于资金、人才等各种创新资源的投入，还取决于创新环境是否优良。创新环境是创新主体所处空间范围内各种要素结合形成的关系总和，包括有利的政策体系、健全的体制机制、良好的文化氛围等。

　　良好的政策环境是创新的重要保障，政府在区域创新体系建设中应该有所作为。在实践中，完善的区域创新系统是市场机制及其支配下的经济系统在运行过程中无法内生形成的，因此，区域创新活动的开展对政府具有内在依赖性，即使是较为发达的西方国家也同样经历了政府为主导的区域创新体系建设历程。近年来，政府在区域创新系统建设中的作用逐渐为国内外研究所关注。政府在区域创新系统建设中的角色可以概括为：创新战略的制定者和创新方向的引领者、创新环境的塑造者、创新主体利益协调者、基础知识与共性技术的供应主体以及重点领域与特殊行业创新项目的组织者甚至承担者①。

　　本书在探讨深圳把创新作为城市发展主导战略的时候，介绍了深圳的知识产权战略、标准战略和质量强市战略，这些战略的制定体现了深

---

① 李政、杨思莹、路京京：《政府参与能否提升区域创新效率》，《经济评论》，2018年第6期，链接网址：http://jer.whu.edu.cn/lwjb/2018-11-14/4667.html

圳市委、市政府强大的意志和真抓实干的决心。以知识产权保护为例，深圳市委、市政府将知识产权保护作为城市的生命线战略，提出实施最严格的知识产权保护，先后建成深圳知识产权法庭、中国（深圳）知识产权保护中心等国家级平台，出台知识产权保护"36条"、特区知识产权保护条例，构建起全链条保护的政策体系，推动深圳知识产权保护工作不断改革创新、提质增效。这是因为深圳市领导认识到，对知识产权的保护是创新创业得以顺利发展的制度基础，缺乏有效的知识产权保护体系，创新者进行创新投资的预期收益将大幅降低，创新投资活动将受到抑制。发达国家的发展经验也表明，知识产权保护体系是大规模创新活动得以展开的"软性基础设施"。在知识经济时代，知识产权保护已经成为关系国家和地区核心竞争能力培育和国民经济长远发展的关键。正是因为深圳市实施了知识产权战略，进行最严格的知识产权保护，深圳市知识产权创造也取得了辉煌成就，2019年，深圳市专利申请量和专利授权量均居全国首位，深圳PCT国际专利申请占全国总量近三成，连续16年居全国首位。华为连续3年雄踞"国际专利申请50强"企业申请人榜首。

实践表明，运用设置市场壁垒、产业壁垒等行政手段来集聚创新资源会导致缺乏竞争，反而会扼杀创新，而良好的财税、产业政策设计、制度创新等则能引导创新要素向企业和创新者集聚。深圳市在产业政策制定、创新支撑体系建设等方面不断创新，营造了良好的创新创业环境，吸引了国内外优秀的人才、尖端技术、创投资金等创新资源汇聚到深圳，科技创新事业红红火火，取得了卓有实效的成绩。

同时，深圳让企业成为创新的主体，让市场做创新的裁判员。市场需求是创新的原动力。企业在市场竞争压力下，以满足市场需求、开拓新市场进而获取利润为目的进行创新，这样的创新活动更为及时有效。比如，安保科技在市场需求的牵引下，研制出了直升机医学救援用呼吸机和电控吸引器产品，首次填补了国家空白，在2020年抗击新冠肺炎疫情的时候，安保科技生产的优质呼吸机供应到国内外各大医院，好评如潮。又如，由于澳门地区场地贵、专业人才稀缺、用工成本高，严重制约了当地银行业的信息化和运营管理水平，银雁科技建设的智能化离岸数据集中作业中心有效地解决了中国银行澳门分行的票据电子化问题，项目采用人工智能等新技术实现票据影像化、影像自动切片、信息自动识别，降低了人工成本和差错率，大幅提升了票据处理效率。由此可见，哪里有市场需求，哪里就需要创新。

值得关注的是，在先行示范、创新引领的背后，实际上需要一系列的支撑，特别是文化的支撑。习近平总书记强调，文化自信是更基础、更广泛、更深厚的自信，是更基本、更深沉、更持久的力量。文化是托举一切的大地。我们可以看到，世界上创新能力强的国家，往往是文化发达的国家。文化驱动创新，创新驱动发展。正是融合了创新、智慧、包容和力量的文化，在不断的流动与碰撞中，为经济社会尤其是科技产业发展提供了更为有力和持久的支撑。

因此，我们出版"深圳先行示范丛书·科技创新卷"的初衷，就是为深圳创新文化注入一股正能量，对深圳市围绕"产业链、创新链、资金链"所从事的创新事业进行全面梳理和介绍，希望读者可以通过阅读精彩的案例故事，能更多地关注深圳乃至全国的创新事业，为中华民族的复兴贡献一份力量。当整个社会形成讲科学、爱科学、尊重创新、推崇创新的良好氛围，蕴藏在广大人民中间的创新智慧充分释放，创新之花将开遍祖国大地。

写作本系列丛书，不仅为我本人提供了一次极佳的学习机会，而且深圳人的开拓进取、崇尚创新的精神尤为令我感动。深圳市科技创新委员会、深圳市市场监督管理局、深圳市地方金融监管局等部门给主创团队的采访提供了极大的帮助，他们服务企业的创新精神和务实作风给我留下了深刻印象。

在这里，让我们向深圳各条战线上伟大的创新者致敬！

图书在版编目（CIP）数据

基因与潜能：创新驱动发展 / 王小广主编；杨柳
著 . 一深圳：海天出版社,2020.12
（深圳先行示范丛书.科技创新卷）
ISBN 978-7-5507-3009-0

Ⅰ.①基… Ⅱ.①王… ②杨… Ⅲ.①区域经济发展
－研究－深圳 Ⅳ.①F127.653

中国版本图书馆CIP数据核字（2020）第183314号

基因与潜能：创新驱动发展
JIYIN YU QIANNENG CHUANGXIN QUDONG FAZHAN

出 品 人 聂雄前
责任编辑 梁 萍
责任校对 张小娟
责任技编 梁立新
封面设计 蒙丹广告

出版发行 海天出版社
地　　址 深圳市彩田南路海天综合大厦 （518033）
网　　址 www.htph.com.cn
订购电话 0755-83460239（邮购、团购）
设计制作 蒙丹广告0755-82027867
印　　刷 深圳市天鸿印刷有限公司
开　　本 787mm×1092mm 1/16
印　　张 16.25
字　　数 150千
版　　次 2020年12月第1版
印　　次 2020年12月第1次
定　　价 88.00元